Wolfgang Schmidbauer

Dranbleiben – die gelassene Art, Ziele zu erreichen

HERDER spektrum

Band 6031

Das Buch

Die eigenen Ziele klären – und dann gelassen dranbleiben. Der bekannte Psychotherapeut weiß um die Schwierigkeiten in unserer hektischen Ablenkungsgesellschaft. Wirklich Wichtiges oder Unangenehmes wird oft aufgeschoben. Oder man verkrampft sich auf ein Ziel hin nach dem Motto: alles oder nichts. Aber um Gelassenheit zu entwickeln und dabei die eigenen Ziele nicht aus den Augen zu verlieren, ist Dranbleiben notwendig. Er zeigt, wie es gelingt. Denn Kontinuität sichert den Erfolg und die Beziehungen – und führt zu mehr Kreativität.

Der Autor

Dr. phil., Diplompsychologe, Psychotherapeut und Lehranalytiker. Lebt in München. Bei Herder u. a.: Lebensgefühl Angst. Jeder hat sie. Keiner will sie. Was wir gegen Angst tun können.

Wolfgang Schmidbauer

Dranbleiben – die gelassene Art, Ziele zu erreichen

HERDER

FREIBURG · BASEL · WIEN

Neuausgabe 2009

© Verlag Herder GmbH, Freiburg im Breisgau 2002
Alle Rechte vorbehalten
www.herder.de

Umschlagkonzeption und -gestaltung:
R·M·E Eschlbeck / Botzenhardt / Kreuzer
Umschlagmotiv: © action press
Foto des Autors: © Isolde Ohlbaum

Satz: Rudolf Kempf, Emmendingen
Herstellung: fgb · freiburger graphische betriebe
www.fgb.de

Gedruckt auf umweltfreundlichem, chlorfrei gebleichtem Papier
Printed in Germany

ISBN 978-3-451-06031-1

Inhalt

Einleitung

Wir kennen Menschen, die ihre Aufgaben pünktlich erledigen und doch Zeit haben, wenn es darum geht, etwas zu unternehmen oder einem Freund einen Gefallen zu tun. Und wir kennen andere, die immer hektisch sind, nie Zeit haben und uns abwechselnd mit grandiosen Vorsätzen oder Geschichten über ihr Pech traktieren. Inzwischen haben sich Arbeitspsychologen, Kreativitätsforscher und Psychotherapeuten mit solchen Unterschieden beschäftigt. Es gibt viele einzelne Ergebnisse in Fachzeitschriften, Lehrbüchern und populären Texten über Zeitmanagement und Arbeitsorganisation.

In diesem Buch wird eine Zusammenschau versucht. Es geht nur am Rande um bewährte Mittel, unsere Konzentration zu steigern und ohne innere Widerstände zu arbeiten. Dranbleiben ist etwas Umfassenderes: eine Haltung, die wir entwickeln müssen, wenn wir die Gefahren der Moderne ernst nehmen.

In der Konsumgesellschaft werden Güter des täglichen Bedarfs und des Luxus industriell gefertigt. Sie stehen in nie dagewesener Vielfalt und Qualität allen zur Verfügung, die genügend Geld haben. Darüber hinaus werden auch unendlich viele Ablenkungen produziert. Jeder gute Werbedesigner verspricht uns ein neues Paradies, um uns ein Parfüm, ein Auto, einen Sportschuh oder eine Zigarette zu verkaufen. Unsere seelische Umwelt wird von Angeboten überschwemmt, es besser und schöner zu haben. Wer einen Zugang zum Internet hat, kann jederzeit eine Suchmaschine anwerfen und sich Bilder oder Daten zu allem Erdenklichen ins Haus holen.

Als ich ein Kind war, ging ich nach Hause, machte die Schularbeiten und stand vor der Wahl, draußen zu spielen oder drinnen etwas zu lesen. Meine Kinder mussten die Versuchung niederkämpfen, sich von einem Bildschirm mühelos in erregendere Welten locken zu lassen. Je mehr Ablenkungen, desto schwerer fällt die Konzentration.

Die elementarste Form des Dranbleibens ist die Konzentration. Wir können uns eine ganze Weile zur Konzentration zwingen, aber je energischer wir dabei vorgehen, desto mehr erschöpfen wir auch unsere Fähigkeiten. Die höchsten Formen der Konzentration sind nämlich die, die mit schöpferischen Leistungen verbunden sind – und auch jene, die besonders schnell erlahmen.

Ehrgeiz und Leistungsdruck sind schlechte Ratgeber, wenn es darum geht, unsere kreativen Fähigkeiten zu entwickeln. Die menschliche Kreativität ist ein leicht störbares Geschehen. Sie will gepflegt und umsorgt werden, wenn sie gedeihen soll. Unter Druck gesetzt, mit Zwang umgeben, gedeiht sie schlecht.

Dranbleiben ist mehr als Konzentration. Auch wer ein Video betrachtet, ein Computerspiel verfolgt, konzentriert sich. Konzentration ist eine seelische Leistung, die heute kaum jemand besser hervorrufen kann als die Filmemacher (welche inzwischen den Stil großer Bereiche der Medien prägen). Aber die Konzentration, die beispielsweise ein gut gemachter Werbespot an sich reißt, betäubt uns und lässt uns mit einem Gefühl der Entfremdung zurück.

Dranbleiben hingegen ist eine persönliche, menschliche Qualität, die damit zusammenhängt, eigene Ziele zu erkennen, sie zu verfolgen – und vor allem: sie auch wiederzufinden, wenn wir sie für eine Weile losgelassen haben.

Während Konzentration vor allem eine Bündelung der Aufmerksamkeit ist, geht es beim Dranbleiben um die Verteilung der Aufmerksamkeit und der verfügbaren Energie. Beides sind vor-ethische Haltungen. Der Chirurg braucht Konzentration so gut wie der Einbrecher. Wer in der Mafia Karriere machen will, muss ebenso an seinen Zielen dranbleiben wie eine Krankenschwester, die Mutter Teresa nacheifert.

Konzentration ist Taktik, Dranbleiben ist Strategie. Wer sich konzentriert, muss ausblenden, was ihn von den Zielen seiner Aufmerksamkeit ablenkt. Wer dranbleiben will, muss eine innere Ordnung finden. Es kann sogar notwendig sein, ein Ziel aus den Augen zu verlieren, um es zu erreichen. Wer auf einen Gipfel will, von dem ihn ein Tal trennt, muss es wagen, sich scheinbar von dem ersehnten Ziel zu entfernen, um dann doch zu ihm zu kommen. Er muss es loslassen können, um es zu erreichen.

Konzentration heißt (er)fassen und festhalten; Dranbleiben heißt loslassen und lenken. Der Feind der Konzentration ist die Ablenkung; der Feind des Dranbleibens die Ziellosigkeit. Die Haltung des Dranbleibens entwickelt sich aus unseren Beziehungen. Wenn die Mutter nicht beim Neugeborenen bleibt, wird es nicht überleben. Wenn sie ihr Kind nicht rechtzeitig loslässt, ihm eigene Ziele erlaubt und ihm den Weg zu seiner eigenen Entwicklung ebnet, wird das Kind irgendwann mit der Mutter brechen oder seelisch verkümmern.

Dranbleiben ist die Haltung der guten Beziehung, die auf einem gelingenden Austausch beruht, in dem beide Partner sich im Geben und Nehmen in ihrem Weltbezug festigen. Die Grundlage guter Beziehungen ist eine ausgewogene Mischung von Bindung und Loslassen, von Entgegenkommen und Wehrhaftigkeit. Krisen werden darum grundsätzlich als gemeinsames Problem angenommen. Selbst wenn jemand versucht, alle Verantwortung (alle Schuld) für einen Konflikt mir zuzuschieben, lasse ich mich nicht darauf ein, ihm im Gegenzug alle Schuld zuzuschieben. Ich breche die Beziehung nicht ab, um ihm zuvorzukommen. Ich bleibe an meiner Grenze stehen. Ich bin an konstruktiven Verhandlungen interessiert.

Das Dranbleiben erlaubt es, an eine stabile Beziehung auch dann noch zu glauben, wenn ich andere Personen weder bewundere noch mit ihnen verschmelze. Ich bin überzeugt, dass ich eine Beziehung halten kann, auch wenn ich mich von Zügen abgrenze, die mich beeinträchtigen. Wenn ich sparsam, mein Partner aber verschwenderisch ist, wird die Beziehung riskiert, wenn ich ihn zur Sparsamkeit zwingen will oder er mich zur Verschwendung.

Die Haltung des Dranbleibens würde darauf hinauslaufen, sich die jeweils unerwünschten Seiten des Partners einzugestehen und nach einer Strategie zu suchen, auf die sich die Partner trotz ihrer unterschiedlichen Ausgangspositionen einigen können. Das wären im Fall von periodischem Streit über die Verwendung des gemeinsamen Geldes getrennte Konten. Jetzt können die Partner beieinander bleiben, weil sie sich vor dem schützen, was sie völlig auseinander bringt, wenn sie es ignorieren. Jeder muss für die Folgen seines Wirtschaftens geradestehen. Der Sparsame kritisiert nicht mehr jede Ausgabe des Verschwenders, der Verschwender versucht nicht mehr, den Sparsamen auszunützen.

Woran kann ich dranbleiben? Fast erübrigt sich ein Katalog – er ist so vielfältig wie unsere Ziele: an Menschen, an Dingen, an Arbeiten in Handwerk, Wissenschaft, Kunst, am Erlernen von Kenntnissen, an der Begegnung mit einer Kultur, einer Landschaft, einer Organisation, wie auch einer Firma oder einem Verein.

Wer an seinen leiblichen Empfindungen dranbleiben kann, wird sich nicht überessen und seinen Körper nicht so beanspruchen, dass er geschädigt wird. Besonders wichtig ist das Dranbleiben bei den erotischen Empfindungen. Die meisten Sexualstörungen hängen damit zusammen, dass Menschen nicht bei ihren eigenen Erregungen bleiben und sie in ihrem Rhythmus belassen können. Das bewusste Ich, dem die willkürlichen Bewegungen unterworfen sind, kann Empfindungen nicht herstellen, die es nicht zu kontrollieren vermag.

Dranbleiben hat sehr viel mit dem Annehmen der Wirklichkeit zu tun. Je mehr wir in unseren Plänen Idealvorstellung und Realität einander annähern können, desto besser sind wir davor geschützt, beim ersten Rückschlag so abzustürzen, dass wir unser Ziel verlieren. Die Wirklichkeit ist nicht gut, aber sie ist doch das Beste, was wir haben. Orientieren wir uns an ihr, dann ist Zweifel daran angebracht, dass wir in den Sternen lesen können oder dass uns Hexen einen Liebeszauber brauen werden. Umgekehrt müssen wir uns auch nicht fürchten, ins Bodenlose zu fallen: wir bleiben auf dem Boden, und er ist so hart oder weich, so fruchtbar oder karg, wie wir ihn durch unsere eigene Arbeit gemacht haben.

1. Kapitel
Schnellsterbige Zeit

„So ist das eben in unserer schnelllebigen Zeit", heißt es, wenn sich jemand erkundigt, weshalb das gestern noch horizontfüllende und brandheiße Thema heute niemanden mehr zu interessieren scheint. Wir werden schneller alt. Als ich in den 60er Jahren mein Diplom gemacht hatte, fürchtete ich vor allem, zu schnell in einem festen Arbeitsverhältnis vereinnahmt zu werden. Heute wird den Studenten empfohlen, schon zur Vordiplomszeit in Betriebspraktika ihren künftigen Arbeitgeber auf sich aufmerksam zu machen und spätestens mit dreißig die Karriereweichen endgültig zu stellen.

Auch die Dinge altern schneller als früher. Können wir uns vorstellen, dass unsere Kinder noch mit dem Fahrrad, das wir seinerzeit als Schüler bekamen, Rad fahren lernen? Der Computer, den ich vor zwei Jahren erworben habe, ist nächstes Jahr vielleicht schon zu alt, seine Schnittstellen passen nicht mehr, das neue Schreibprogramm reagiert wie ein Idiot auf das alte. Geräte entwickeln sich in einem unglaublichen Tempo. Viele verwandeln sich, schon bevor sie tatsächlich unbrauchbar sind, in Schrott. Mode- und Kosmetikindustrie gewinnen ihre Umsätze daraus, dass sie das Veralten ihrer Produkte beschleunigen.

Es fällt schwer, unter die Oberfläche des Wirbels aus Hast zu dringen, der uns umgibt. Wer sich gründlich mit etwas beschäftigen, durchdachte Äußerungen tun, verschiedene Aspekte eines Problems beleuchten möchte, dem kommt in unserer Welt nicht viel entgegen. Das gilt am meisten dann, wenn er für seine Gedanken öffentliche Aufmerksamkeit wünscht. Man muss nur eine einzige Talkshow sehen, um herauszufinden, wie mühsam es ist, differenzierte Argumente zu vertreten.

Wir leben in einer Kinderbuch-Welt, haben plakative Bilder im Kopf und sind überzeugt, dass uns die „guten" Medien – angesehene Tageszeitungen und Magazine etwa oder die Tagesthemen der ARD – gediegen informieren. Das glauben wir so lange, bis wir zufällig einmal selbst etwas genauer kennen, wovon berichtet wird. Dann erschrecken wir. Der Bericht ist voller Schnitzer, er vereinfacht, verfälscht, emotionalisiert. Wer hätte das gedacht? Es muss ein Ausrutscher sein!

Unsere Zeit ist schnellsterbig, nicht schnelllebig. Das klingt unfreundlicher, trifft es aber genauer. Es geht um eine schnelle Auflösung und Entwertung, ein Kippen von der dramatischen Überschätzung der Sensation von heute in die dramatische Unterschätzung der Nachricht von gestern. Wer aber in sein Leben hineinfinden und etwas aus ihm machen will, muss lernen, diesem Prozess der Entwertung zu widerstehen.

Zeit, die unsere Großeltern mit körperlicher Arbeit verbrachten, füllen unsere Kinder damit, unerwünschte Bilder wegzuzappen. Der in vergeblicher Hoffnung, auf dem nächsten Kanal etwas Besseres zu finden, in sinnlose Fragmente zerstückelte Abend ist ein Symbol eines modernen Lebensgefühls.

In unserem Umgang mit Beziehungen – „ich habe Schluss gemacht" –, mit der Arbeit – „in diesem Job werde ich nicht alt!" –, und mit Dingen – „ich kann diese Farbe nicht mehr sehen" –, macht sich eine Ex-&-Hopp-Geste breit, die in Widerspruch zur Lebenssituation der Armen auf diesem Planeten und zu unseren begrenzten Ressourcen gerät – und die uns selbst in unserem seelischen Wohlbefinden schadet.

Verlorene Traditionen des Dranbleibens

In vormodernen Kulturen wird das Dranbleiben durch soziale Normen garantiert, durch sinnliche Eindrücke verstärkt und durch massive Sanktionen erhalten. Wer aus seinem Dorf, seinem Hof weggeht, verliert seine Heimat, gerät ins Elend. Während wir Elend heute mit Armut und Ungemach verbinden, war es in der traditionellen Kultur durchaus wörtlich gemeint: Wer sein heimatliches Gebiet durch fremden Einfluss oder eigenen Entschluss verlässt, war „aus dem Land", kurz: elend.

In der traditionellen Umgebung erleichtern mächtige, oft auch grausame äußere Strukturen, was wir heute mühsam in uns selbst suchen und finden müssen. Eine davon ist der fast allgemeine Zwang zur körperlichen Arbeit, die einen sinnfälligen, eindrucksvollen, unübersehbaren Zusammenhang zwischen Aufwand und Ergebnis herstellt.

Wenn alle Menschen in der Umgebung eines Kindes körperlich arbeiten und es immer wieder erlebt, dass sich die Welt dem schrittweisen, planmäßigen Vorgehen in dieser Arbeit fügt, wird es ähnliche Haltungen in sich aufbauen und an die Umwelt herantragen. Einen Garten zu bearbeiten, ein Handwerk auszuüben, Haustiere zu versorgen oder ein Musikinstrument zu spielen sind damals wie heute unersetzliche Hilfen, um zu erleben, wie schön und sinnvoll es ist, durch beständige Aufmerksamkeit und Übung vom Lehrling zum Meister zu werden.

Meisterschaft fällt in dieser Welt nie vom Himmel, sie will erworben sein. Der klassische Dreischritt vom Anfänger über den Könner zum Anleiter ist immer auch ein Weg, auf dem sich Fähigkeiten schrittweise entwickeln und weitergegeben werden: Lehrling, Geselle, Meister; Schiffsjunge, Matrose, Steuermann; Rekrut, Soldat, Hauptmann.

Auch in der traditionellen Gesellschaft hat es immer wieder Aufbrüche und Abenteuer gegeben. Sie gehören zum Wesen des Menschen. Wenn ihnen die Heimat zu eng wurde, zogen Gruppen junger Menschen fort, nahmen Saatgut und Werkzeug mit und gründeten anderswo eine Kolonie. So besiedelten die Griechen die Küsten des Mittelmeers und die Polynesier die Inseln des Pazifik, die Wikinger Frankreich und Sizilien, die arabischen Stämme Nordafrika und Asien. Aber diese Aufbrüche waren nicht individualisiert. Es waren nicht einzelne Personen, die auszogen, um ihr Glück zu finden.

Traditionelle Kulturen verändern sich sehr langsam. Ein Bauer im Atlasgebirge Marokkos benutzt heute noch weitgehend dieselben Werkzeuge wie vor zweitausend Jahren. In den entwickelten Ländern haben die technischen Erfindungen des 18. und 19. Jahrhunderts – Kraftmaschinen und Elektrizität – die entstehende „Industriegesellschaft" hochgradig beschleunigt. Diese Beschleunigung greift durch die im 20. Jahrhundert zu höchster Perfektion entwickelten Massenmedien immer tiefer auch in die individuelle Psyche.

In einer schriftlosen Kultur sind die Lebensentwürfe fest an die sinnliche Realität geknüpft. Das ändert sich bereits durch die Schrift und durch das Buch, vor allem den Roman. Im 18. und 19. Jahrhundert gab es eine breite und hochmoralische Diskussion über den verderblichen Einfluss von Romanen auf die Psyche junger Menschen, vor allem junger Frauen. Wer da zu viel von edlen Helden und romantischer Liebe las, der würde sich nur schlecht mit der schnöden Realität abfinden.

Wer einen Teil seiner Kindheit vor dem Fernsehzeitalter verbracht hat, kann sich erinnern, dass bis in die sechziger Jahre hinein der Kampf gegen das Lesen von „Schundromanen" und „Schundheften" dazu führte, dass die geliebte Lektüre unter Dielenbrettern und Matrazen vor dem wachsamen Auge der Eltern verborgen wurde.

Heute begeistern sich auch viele Pädagogen für die Harry-Potter-Geschichten; endlich greifen die Kinder wieder zum Buch und fiebern jedem neuen Band entgegen. Während einst der Kampf für die „gute" und gegen die „schlechte" Literatur geführt wurde, wird heute fast jede Literatur allein deshalb gelobt, weil sie überhaupt gelesen wird. Der Kampf an der Schundfront hat sich auf das Medium des Fernsehens verlagert. Seit es zur Normalkindheit geworden ist, sich den Kopf mit immer schnelleren Folgen immer aufreizenderer Abenteuerbilder füllen zu lassen, freut sich der Erzieher, wenn ein Kind so viel Aufmerksamkeit und Disziplin aufbringt, dass es einen Abenteuerroman liest.

Fernsehkinder ziehen die Glotze dem Kontakt mit Erwachsenen vor. Die technische Neuerung der blitzschnellen Programm-Abwahl ist ein elektronisches Entgegenkommen gegenüber den charakteristischen psychischen Spaltungsprozessen, welche unsere seelische Kontinuität auflösen können. Eine unerwünschte Realität wird augenblicklich durch eine andere ersetzt, die sich besser zu den Bedürfnissen fügt. Freilich gehen dann auch kostbare Qualitäten verloren, ein Zusammenhang zerreißt.

Experten gehen heute von einem durchschnittlichen Verhältnis von 11 000 Schul- zu 15 000 Fernsehstunden[1] aus. Fernsehkinder werden so beschrieben: Sie haben Sprachprobleme, können eine Geschichte nicht zusammenhängend erzählen und geraten angesichts des Bildschirms in einen Trancezustand, der sie jede Störung als lästig empfinden lässt.

Ihre Fähigkeit, Beziehungen mit anderen Kindern aufzunehmen und sich mit ihnen auszutauschen, ist beeinträchtigt. Wenn es kein Programm gibt, dominiert Langeweile. Die Medienstrukturen setzen sich ins Innere der Kinder hinein fort. Sie sind geprägt von den extremen Anstrengungen der Werbeindustrie, die Aufmerksamkeit um jeden Preis festzuhalten. Fernsehkinder können nur starke Reize konzentriert verfolgen. Werden sie nicht stimuliert, erlahmt ihre Konzentration; sie „schalten ab".[2] Auch der Weltbezug und das Verhältnis zum eigenen Körper erlahmen: Eine wachsende Zahl von Schulkindern kann heute keinen Ball mehr fangen und nicht mehr auf einem Bein hüpfen. Die Verletzungsgefahr im Sport oder beim Toben auf dem Schulhof ist durch das Missverhältnis zwischen den Ansprüchen an die eigene Leistung und der motorischen Geschicklichkeit sehr groß.

Von den euphorischen Prognosen konservativer Politiker, die sich von der Verkabelung mehr Raum für die Selbstentfaltung mündiger Bürger erwarteten oder, wie der damalige Ministerpräsident von Baden-Württemberg, Lothar Späth, die Medien als „Intelligenzverstärker" priesen, ist nichts geblieben. Die kommerziellen Sender haben die Fernsehlandschaft mit Sex und Gewalt überflutet; es gibt praktisch keine Möglichkeiten mehr, Kinder vor Horror- und Brutalsendungen zu schützen. 15 Prozent der Jugendlichen sind gewaltbereit.[3]

Der Bildschirm hat keine positiven, aber viele negative Wirkungen auf Kinder. Diese können kompensiert werden, wenn sich die Eltern oder die schulische Erziehung intensiv bemühen, gegenzusteuern. Sich selbst überlassen, drohen den Vielsehern Angst und Aggressivität. Teufelskreise werden angestoßen: Weil der Fernsehkonsum die Beziehungsfähigkeit lähmt, verlieren die Vielseher an Kontaktkompetenz. Es fällt ihnen schwer, Alternativen zu finden, die sie interessieren, und sich von ihren passiven Wünschen zu befreien. Wie die Schlange in der Fabel ihr Opfer bannt, bis es jede Kraft verliert, ihr zu entfliehen, so bindet die Wirkung des Bildschirms anfällige Zuschauer an seinen lähmenden Einfluss.

Zögernd setzt sich auch unter den Zauberlehrlingen der konservativen Medienpolitik die Einsicht durch, dass die Programmgestaltung nach den Grundsätzen des freien Marktes alle Werte des Grundgesetzes ad absurdum führt. Demokratie, Achtung vor der Menschenwürde, Toleranz, gewaltfreie Konfliktlösung kommen nicht vor; Anstand und journalistische Qualität sind nicht gefragt, es geht um Geld, Quoten, Marktanteile.

Wo Suchtmechanismen dominieren, reichen wissenschaftliche Aufklärung über Folgeschäden und der moralische Appell, sie zu vermeiden, nicht aus. In diesen Fällen kann der Einzelne nicht mehr frei über Konsum oder Nicht-Konsum entscheiden. Die Gewalt der Sucht muss sozusagen das Gewaltmonopol des Staates auf den Plan rufen, wenn der Schaden nicht um sich greifen soll.

Allerdings sehen wir angesichts der bedrohlichen Situation, die als „Klimakatastrophe" am Horizont erscheint und auf der destruktiven Abhängigkeit der Konsumgesellschaft von einem überhöhten Energieverbrauch basiert, wie schwer es ist, einen Suchtmechanismus zu bekämpfen, der kurzfristige Bequemlichkeit gegen langfristige Gefahr tauscht. Im Kleinen kennt das jeder Fernsehkonsument: Längst spürt er, dass es ihm nicht gut tut, vor dem Bildschirm zu sitzen – aber wie schwer ist es, nicht zum nächsten Kanal zu zappen, sondern die Glotze auszuschalten und aktiv zu werden.

Wer zum wiederholten Mal in dieser Situation glaubt, dass ihm der gute Vorsatz helfen wird, nächstes Mal rechtzeitig aufzuhören, der belügt sich meistens selbst. Hilfreich ist nicht der aus Schuldgefühlen gespeiste Vorsatz, sondern die Annahme der Realität, dass eine Abhängigkeit besteht und Strukturen gefunden werden müssen, um ihr zu begegnen: Feste Termine mit Freunden! Fernseher abschaffen! Eine Zeituhr einbauen, die die Glotze nach zwei Stunden gnadenlos abschaltet!

Sind das Hilfskonstruktionen, weit unter dem Niveau eines mündigen Menschen? Oder Zeichen, dass ein Abhängiger seine Mündigkeit wiederherstellt?

2. Kapitel
Hans im Glück

> Und so war es, dies war die verzweifelte Wahr-
> heit: Die Jahre der Not und der Nichtigkeit,
> die er für Leidens- und Prüfungsjahre gehalten
> hatte, sie eigentlich waren reiche und frucht-
> bare Jahre gewesen; und nun, da ein wenig
> Glück sich herniedergelassen, da er aus dem
> Freibeutertum des Geistes in einige Rechtlich-
> keit und bürgerliche Verbindung eingetreten
> war, Amt und Ehren trug, Weib und Kinder be-
> saß, nun war er erschöpft und fertig.[4]

Kindern erzählen wir das Märchen von Hans im Glück. Sie la-
chen über diesen Hans, der von Stufe zu Stufe das Wertvollere
aufgibt, weil er sich mit seinen Mängeln und Nachteilen nicht
abfinden kann. Aber diese Geschichte enthält auch ein Wissen
um einen psychologischen Mechanismus, der das Dranbleiben
gefährdet: den Prozess der Spaltung. Wir kennen ihn seit der Geschichte vom biblischen Paradies. Hat da nicht auch die Schlange versprochen, die Menschen könnten vom verbotenen Baum
essen und etwas hinzugewinnen, ohne etwas zu verlieren?

Fassen wir die Geschichte über Hans im Glück in eine kleine
Reportage:

Der Handwerksgeselle Hans, 28, wurde verhaftet, weil er seine Mutter niedergeschlagen und erheblich verletzt hatte. Die Polizei brachte den verwirrten Mann, der seine Eltern beschuldigte, sie hätten ihm einen wertvollen Goldklumpen weggenommen, in eine psychiatrische Klinik, wo eine akute Schizophrenie diagnostiziert wurde.

Nachforschungen der örtlichen Polizeidienststellen ergaben, dass Hans tatsächlich von seinem Meister in F. einen Klumpen gediegenen Goldes für zehn Jahre Arbeit erhalten hatte. Der Meister versicherte glaubhaft, er habe den jungen Mann ziehen lassen. Es scheint, dass dieser den Goldklumpen weit unter Wert gegen ein Pferd tauschte, das ein Bauer zum Markt führte. „Ich konnte es kaum glauben, aber er hat mir das Gold fast aufgedrängt", sagte der Bauer. „Es war ein gutes Pferd, aber er konnte nicht reiten." Als das Pferd ihn abwarf, tauschte Hans es gegen eine Kuh ein. Ein Schweinehirt berichtete, er habe Hans eine Sau für die Kuh gegeben, weil dieser so unglücklich war, dass die Kuh so langsam ging und immer das Gras am Straßenrand fressen wollte. Freilich sei die Kuh mehr wert gewesen als das Schwein, aber im Handel achte doch jeder auf seinen Vorteil, und wenn die Dummen nicht alle würden, was kümmere es ihn? Ein Truppe von Zigeunern, die ihren Lebensunterhalt mit Scherenschleiferei verdienten, wurde bei einem Fest überrascht, wo sie ein Schwein verzehrten, das sie sich normalerweise nicht leisten können. „Ein junger Mann hat uns das Schwein für einen Schleifstein gegeben", sagten sie. „Er wollte Scherenschleifer werden, unser Gewerbe gefiel ihm, er wusste wohl nicht, wie wenig man damit verdienen kann."

Was mit dem Schleifstein geschah, ließ sich zunächst nicht herausfinden. Die Detektive vermuteten zunächst, der Kranke habe ihn irgendwo am Weg liegen lassen. Schließlich fand sich eine Gänsehirtin, die beobachtet hatte, wie Hans den schweren Stein auf ein Brückengeländer legte, um sich ein wenig auszuruhen. Dabei stieß er ihn aus Versehen in den Fluss. Er soll danach in einem Zustand läppischer Heiterkeit zu seiner Mutter gekommen sein. Auf ihre Fragen, wo er den zugesagten Lohn seines Meisters gelassen habe, reagierte er verstört, geriet in eine immer gereiztere Stimmung und verfiel schließlich in einen wahnhaften Zustand, in dem er auf sie einschlug.

Die Brüder Grimm haben Hans im Glück als Spottmärchen aufgezeichnet. Es fasst ein Stück menschliche Torheit in eine Geschichte, die scheinbar gut und glücklich ausgeht. Aber beim Zuhörer stellen sich Zweifel ein. Sie bestimmen einen ganz anderen Sinn der Geschichte. Er erschließt sich vor allem dann, wenn wir die relativ simple „Dummheit" der Märchenfigur, die Wertvolles gegen Wertloses tauscht, als Symbol für ein Verhalten sehen, das auf den ersten Blick vielleicht sogar besonders entschlossen, ja kühn anmutet. Es gibt Menschen, die nicht bei denen bleiben können, die sie enttäuscht haben – und sei es auch nur ein einziges Mal, sei es in einer Kleinigkeit. Die Beziehung verliert für sie dann jeden Wert, sie verlieren jedes Interesse und ziehen sich zurück. Diesem Prozess können wir ein Dranbleiben an Menschen entgegensetzen, in dem gute Eigenschaften auch dann erhalten bleiben oder neu gefunden werden, wenn man mit unerwarteten Widrigkeiten konfrontiert worden ist.

Der moderne Hans im Glück ist ein einsamer Mann, den ständige Selbstzweifel quälen, ob die Frau, die er nach langer Suche gefunden hat und mit der er jetzt zum ersten Mal zusammen in Urlaub fährt, auch die Richtige ist. Auf dem Flughafen sieht er in der Schlange neben sich eine andere Frau, die ihm viel besser gefällt – sie ist jünger, hat eine tolle Figur, sie lacht so unbeschwert, die würde nie auf eine Bekanntschaftsanzeige schreiben wie seine Freundin (und er selbst).

Er verliert jeden inneren Kontakt zu seiner Freundin, kann sie nicht mehr berühren, will nicht mit ihr schlafen, fühlt sich als Versager und kann den Urlaub nicht genießen. Er findet erst nach einer Woche, als ihm seine Freundin den Laufpass geben will, wieder zu sich.

Für die Psychologie ist der Spaltungsbegriff von der Freud-Schülerin Melanie Klein erschlossen worden, der wir viele Einsichten in die Idealisierungs- und Entwertungsprozesse seelisch gestörter Menschen verdanken. Melanie Klein nahm zu Beginn ihrer Forschungen an, dass sich die Spaltung in der normalen seelischen Entwicklung in eine stabile „depressive Position" verwandelt. Das ist in guter analytischer Tradition ein Ausdruck aus der Psychiatrie für eine normale Sache.

Die depressive Position ist keineswegs traurig, sie mäßigt nur die Idealisierungen, sie kann Ambivalenzen (Mischungen widersprüchlicher Gefühle, etwa Liebe/Hass) tolerieren und verliert die guten Eigenschaften des Partners nicht vollständig aus dem Blick, wenn er etwas tut, was mich stört und sein Bild trübt. Das Gegenteil dieser reifen, depressiven Haltung nennt Klein die „paranoide" Position. Sie führt dazu, dass während der Verliebtheitsphase alle Einwände gegen die oder den Geliebten abgespalten werden, während in der Liebesenttäuschung die Hass-Seite der Ambivalenz den Betroffenen überschwemmt.

Melanie Klein glaubte zunächst, dass sich alle Menschen von solchen primitiven Mechanismen zu reiferen Haltungen entwickeln. Sie ging davon aus, dass wir schon als Kinder definitiv den Wunsch nach Hass auf etwas Treuloses oder anderweitig Enttäuschendes überwinden können, indem wir die Zuneigung oder auch schlicht den Nutzen nicht vergessen, den wir aus dem Kontakt gewonnen haben und künftig gewinnen werden.

Nach langer therapeutischer Praxis mit Kindern und Erwachsenen kam Klein aber zu einer anderen Einschätzung. *Beide Haltungen, die reife (depressive) und die unreife (paranoide), begleiten den Menschen sein Leben lang.* Unreife Einstellungen werden überformt, nicht abgelegt.

Es ist ähnlich wie mit dem Faschismus in der Politik oder dem Fundamentalismus in der Religion: Wir können nie sicher sein, dass nicht auch in scheinbar stabilen und gerecht geregelten Verhältnissen Mechanismen überleben, die von einem fanatischen Demagogen in einer Zeit der Unruhe so rasch und unaufhaltsam geweckt werden können, dass ein Land nach wenigen Jahren nicht wiederzuerkennen ist.

Fanatismus entsteht, wenn die seelischen Vorgänge, welche das Selbstgefühl regeln, Ambivalenzen nicht tolerieren können, sondern sie spalten müssen. Nur wer über eine entwickelte Regelung des Selbstgefühls verfügt, kann die Schattenseiten der Personen verarbeiten, von denen er sich Liebe wünscht, kann akzeptieren, dass Menschen mit anderen Werten als er selbst nicht wertlos sind und nicht alle zur Hölle fahren sollen, die seine Überzeugungen nicht teilen.

Für den traumatisierten Menschen, der nach Wiedergutmachung sucht, ist es sehr schwer, die Tatsache zu verarbeiten, dass Liebe in der Realität nicht „rein" ist.[5] Die wir lieben und von denen wir geliebt sein wollen, sind kaum je ganz uneigennützig, durch und durch liebevoll. Das nimmt jedoch wenig Wunder, denn wir sind das auch nicht.

Realistische Liebende rechnen von Anfang an mit dieser Möglichkeit, stellen sich auf sie ein und kompensieren Enttäuschungen mit der Einsicht in eigene Schwächen. Traumatisierte, in ihrem Selbstgefühl verletzte Liebende können die Schwächen des Partners jedoch nicht ertragen, von dem sie sich Ausgleich ihrer Verwundungen erhoffen. Sie können auch keine eigenen Schwächen realistisch einschätzen, sie sind entweder perfekt und haben keinen Fehler gemacht, während der Partner total versagte; oder sie sind selbst totale Versager, die es verdienen, missachtet zu werden.[6] Insofern gleichen sie in ihrer psychischen Struktur politischen Fanatikern und Rassisten: Sie können an das Gute nur glauben, wenn sie etwas Böses bekämpfen; sie brauchen eine Gruppe, der Macht und Ansehen zusteht, und ein Feindbild, das diese Gruppe bedroht.

Hans im Glück geht mit den Dingen paranoid um: Er idealisiert sie im ersten Eindruck, und er verteufelt sie und will sich von ihnen trennen, wenn er die erste Enttäuschung an ihnen erlebt. Jede Verschlechterung erscheint zuerst, durch die Ausblendung von Teilen der Wirklichkeit, wie eine Verbesserung. Am Ende schleppt Hans wieder einen schweren Klumpen – diesmal ist es ein Stein, für den er nichts mehr eintauschen, den er nur noch loswerden kann.

Im Märchen ist Hans deshalb glücklich, weil er jetzt ganz unbeschwert heim zur Mutter springen kann. In der Realität ist das ein Glück, das der Kindheit vorbehalten bleibt: Für den Erwachsenen kann die Mutter nicht mehr die Quelle allen Glücks sein. Wenn ein Erwachsener diesen Entwicklungsschritt nicht vollziehen kann, droht ihm eine psychotische Regression.

Die „normale" Quelle des idealisierten Glücks für den Erwachsenen ist ein geliebter Mensch, ein Freund, ein Partner.

Dass auch an ihm die beschriebene Szene ablaufen kann, zeigt die von zahlreichen Autoren aufgegriffene Legende über einen anderen Hans: Don Giovanni. Er ist sozusagen der Anti-Typus des Dranbleibens – und deshalb auch für eine Analyse sehr nützlich.

Der steinerne Gast

Don Juan de Tenorio, auf den sich diese Figur in ihren vielen Gestalten zurückführen lässt, soll der Oberkellermeister des kastilischen Königs Pedro „des Grausamen" gewesen sein. Die frühen Legenden konzentrieren sich weder auf den Totschläger (Mord im Duell war Alltag), noch auf den Frauenhelden (das gehörte zur Rolle des Feudalherrn), sondern auf den Lästerer, der im letzten „Akt" seines Lebens die Ruhe der Toten missachtet und den steinernen Gast einlädt.

Damals, im ausgehenden Mittelalter, war die Welt noch voller wundergläubiger Geschichten von Statuen, die sich beleben, Heiligenbildern, die von ihrem Sockel steigen, Madonnenfiguren, die Spielleuten ihren goldenen Pantoffel schenken. Je mehr wir uns der Neuzeit nähern, desto stärker wird im Don Juan-Stoff die Ruhelosigkeit im sexuellen Begehren und das Rätsel des Schwankens zwischen Idealisierung und Entwertung der jeweiligen Frauen.

Jede neue Frau ist wunderbar, jede bereits eroberte lästig; in der am besten bekannten Fassung des Stoffs, der Oper von Mozart und Da Ponte, ist Don Juan kein sinnlicher Mensch mehr, der es sich im Genuss bequem macht, kein glaubwürdiger Vertreter der feudalen Epoche, in der es für die Herrn selbstverständlich war, es sich auf Kosten der Bauern gutgehen zu lassen.

In der Mozartoper, welche die Wende zur „modernen" Gesellschaft ankündigt, steht der steinerne Gast, der den Helden mit in sein Grab zieht, für eine menschliche Erstarrung. Ein sinnenfroher Wüstling beschäftigt keinen Buchhalter – wie den Diener Leporello –, der seine Eroberungen aufzeichnet – „in Italien sechshundertundvierzig, hundert in Frankreich, in Deutschland zweihunderteinunddreißig, einundneunzig in der Türkei, aber in Spanien sind es schon tausendunddrei!"

Leporello spielt mit den bürgerlichen Vorbehalten gegen die „lieben Herren", und Don Giovanni verbindet die Nutzlosigkeit des Wüstlings mit dem Leistungsehrgeiz des bürgerlichen, auf Selbstverwirklichung zielenden Individuums.

Wer ist wessen Werkzeug? Leporello muss tun, was Don Giovanni sagt, er muss sich schikanieren lassen. Aber auch Don Giovanni ist ein Sklave, ein Diener des Registers, das Leporello verwaltet. Lädt er den steinernen Gast ein, um dieser eigenen Sklaverei ein Ende zu machen?

Wenn die Sehnsucht zur Sucht wird, die eigene innere Leere durch die Verschmelzung mit der idealisierten Frau zu füllen, kann ein Don Juan nur unterwegs entspannt und voller Hoffnung sein. Solange er erobert und noch nicht besitzt, solange er sucht und noch nicht gefunden hat, kann er auch glauben, dass er die fehlende Sicherheit erhalten wird. Oder, genauer gesagt: dass er etwas haben wird, das ihn hält, das die Rolle des Ideals, der perfekten Mutter für ihn übernimmt und ihn an dieser Vollkommenheit teilhaben lässt.

Wer aber in der Realität ankommt, wer einen geliebten Menschen wirklich nahe an sich lässt und mit ihm das Leben teilt, der erkennt auch, dass sich seine Sehnsucht nach absoluter Sicherheit und Vollkommenheit nicht erfüllt hat. Ob er dann empfinden kann, dass die Dauerhaftigkeit, der Austausch, die liebevolle Zuwendung auch zu der Unvollkommenheit und Schwäche des Partners dafür entschädigen? Wenn ihm das gelingt, kann er die Beziehung halten und darf ankommen. Er darf, da er doch die Schwäche des Partners akzeptiert, auch damit rechnen, dass eigene Schwäche angenommen wird. Aber einfach ist das nicht.

Hans im Glück und Don Giovanni stehen für die Faszination des Ungeschehenmachens, der Trennung angesichts der ersten Hinweise darauf, dass ein Entwurf scheitert. Die Spaltung erlaubt es, eine Phantasie aufrechtzuerhalten, dass Bequemlichkeit und Sieg bei uns sind, während die Niederlage, die Einschränkung, die mühsame Arbeit an einer langsamen Entwicklung bei den anderen untergebracht werden. Entweder gelingt gleich alles, oder wir haben keine Chance.

Ein wenig über die Hintergründe des Don Juan verrät die Analyse eines damals 30-jährigen, vielfältig begabten Mannes, der neben seinem frühen Erfolg als Künstler ein Doppelstudium absolviert hatte. Er pflegte in den Nächten, in denen er nicht schlafen konnte, in einer Art Zählzwang die Frauen aufzulisten, mit denen er bereits geschlafen hatte. Zur Zeit seiner Psychoanalyse waren es 64.

Ich ertappte mich damals dabei, wie ich auf meinem sicheren Platz hinter der Couch meine eigene Zahl zu schätzen versuchte. Er übertraf mich, obwohl er doch erheblich jünger war als ich. Aber etwas hielt mich davon ab, den Vergleich zu Ende zu denken. Die Suche nach der Zahl meiner eigenen Eroberungen wurde mir alsbald unbehaglich, ich wollte es nicht wissen, es schien mir liebes- und lustfeindlich, mit meinen Erfahrungen so umzugehen. Es gefiel mir besser, mir die erotische Begegnung als etwas vorzustellen, das sich durch Zahlen nicht erfassen lässt. Würde nicht so manche tiefe, langjährige Erfahrung entwertet, wenn ich sie neben einer flüchtigen Liebschaft auflistete?

Merkwürdigerweise fielen mir die Pueblo-Indianer in New Mexiko ein. Sie pflegten fotografierende Touristen mit Steinwürfen zu verscheuchen. Sie wehrten sich dagegen, in ein Leporello-Album zu kommen, katalogisiert, abgeheftet zu werden. Es erschien mir weise, wenn sie nicht zuließen, dass die sinnliche Unmittelbarkeit ihrer Riten, ihrer heiligen Orte, ihrer Feuerstellen und Tanzplätze fixiert und konserviert wurde. Auch die Fotografie macht aus einem lebendigen Prozess, der sich jeden Tag erneuert, ein Register, in dem nur noch das zählt, wovon noch kein Duplikat abgeheftet wurde.

Noch in einem anderen Punkt glich mein Klient – ich nenne ihn hier Hans – dem Don Giovanni: er konnte mit den Frauen, die er so sehr begehrte, nur wenig anfangen. In seiner Unersättlichkeit war er den Versuchstieren des russischen Physiologen Pawlow ähnlich. Dieser hatte, um die nervösen Reaktionen bei der Nahrungsaufnahme zu untersuchen, Hunden eine Speiseröhrenfistel gelegt. So viele Futterbrocken sie nun auch gierig erschnappten und verschlangen – nichts davon kam in ihrem Magen an. So blieben sie immer hungrig. Das Experiment ergab, dass diese Tiere binnen weniger Stunden ein Magengeschwür entwickelten.

Hans wusste eigentlich nicht, was er mit den Frauen machen sollte, die er erobert hatte. Solange er damit beschäftigt war, sie zu gewinnen, war er hochengagiert, witzig, seine Augen leuchteten. Aber seine Unruhe hörte nicht auf, wenn sie an seiner Seite schliefen. Ihn plagte weiter das Streben, einen guten Eindruck zu machen. Man meinte regelrecht beobachten zu können, wie die unbefriedigte Eroberungsenergie sich immer mehr verdichtete, wie sie Hans quälte, wie er versuchte, sie in sich zu verschließen, und wie sie schließlich in dem Wunsch explodierte, sich von der eroberten Frau zu trennen, um endlich eine andere erobern zu können.

An einem Montag erzählte Hans von einem Wochenende mit der Geliebten, auf das er sich am Freitag, als noch unklar war, ob sie ihn überhaupt wollte, so gefreut hatte. Zwei volle Tage habe er mit ihr in einer engen, spießigen Wohnung verbringen müssen, er habe keinen Augenblick Ruhe gehabt, habe sich ständig etwas Neues einfallen lassen müssen, was sie zusammen machen könnten – „nie konnte ich mich hinsetzen und endlich einmal in Ruhe die Zeitung lesen, das habe ich mir die ganze Zeit am meisten gewünscht. Ich habe ihr dann gesagt, dass sie doch nicht die Richtige ist. Sie hat geweint und wollte wissen, warum ich auf einmal so kalt bin. Ich verstehe das ja selber nicht, ich habe gesagt, es sind eben meine Gefühle, die lassen sich nicht kommandieren."

Hans erlebt seine vergebliche Suche nach der „richtigen" Frau als Puzzle-Spiel, das scheitern muss, weil er die Teile nie auf eine gemeinsame Ebene bringen kann. An jeder neuen Geliebten fesselt ihn etwas, was die alte nicht hatte. So ist es nicht nur der Reiz des Neuen, der ihn antreibt, sondern die Suche nach dem Ideal des Weiblichen, nach der perfekten Frau, nach der Geliebten, die sein brüchiges Selbstgefühl als Mann ein für alle Male festigt, das auf die Eroberung angewiesen ist wie der Süchtige auf sein Gift.

Ich will die Geschichte der Analyse von Hans hier noch etwas weitererzählen, weil sie auch zeigen kann, wodurch solche Störungen ausgelöst werden – und auf welchem Weg sie zurücktreten und die Fähigkeit wächst, an einem Partner dranzubleiben und sich zusammen mit ihm zu entwickeln.

Hans wuchs allein mit seiner Mutter auf. Sein Vater war bei einem Flugzeugabsturz umgekommen. Die Mutter idealisierte ihn sehr. Sie erzählte immer nur das Beste vom Vater und ließ sich auf keine Männerbeziehung mehr ein. Der Vater war schlechthin vollkommen gewesen, erfolgreich, sportlich, liebevoll, es gab keinen Mann wie ihn. Hans strengte sich ungeheuer an, dieses Vorbild zu erreichen. So wurde es für ihn sehr schwierig, eigene Schwächen zu erkennen. Männlichkeit war in seiner kindlichen Welt keine Realität, sondern ein Phantasma, ein Bild der Mutter und der Großmutter.

Sobald Hans sich aus der unmittelbaren Abhängigkeit von seiner Mutter gelöst hatte und anfing, eigene Erfahrungen mit Frauen zu suchen, setzte auch sein Streben ein, die unsichere Männlichkeit durch ihren phallischen Beweis zu festigen. Er suchte in den Frauen die eigene, männliche Ganzheit – wenig Wunder, dass er die Richtige unter ihnen nicht fand. Sein Bild des Mannes war abstrakt, körperlos, idealisiert, wie die Vorstellungen von den Frauen, die er eroberte und wieder verließ.

Keine gab ihm das, was ihm ein liebevoller Vater geben hätte können: den Abstand zu einem Phantasma männlicher Grandiosität. Wer wirklich stark ist, kann sich auch seine Schwächen eingestehen.

Man könnte sagen, dass Hans ein sehr einsamer Mann war, der versuchte, auch seine Frauenbeziehungen alleine zu gestalten. Er eroberte, er blieb im Sieg isoliert, er konnte die Bindung der Partnerinnen an ihn nicht ertragen, er konnte die Angebote nicht wahrnehmen, die Beziehung doch zu zweit zu gestalten und zu entwickeln. So musste er alsbald wieder gehen.

Wer an diese Phantasie von Allmacht und einsamer Kontrolle gebunden ist, muss immer fürchten, in Ohnmacht und Bedeutungslosigkeit zu versinken, wenn er nicht auf der Hut ist und sich die eigene Unabhängigkeit in steter Fluchtbereitschaft beweist. Zudem erlebt ein Kind, das von einem Elternteil allein erzogen wird, die Gefahren der Abhängigkeit intensiver als ein Kind, das mehrere vertraute Bezugspersonen hat. Wer nur eine einzige Beziehung hat, der muss Wut und Hass, die aus den unvermeidlichen Enttäuschungen der kindlichen Entwicklung entstehen, sehr intensiv kontrollieren. Er hat kein Reservesystem, kein Netz, das ihn auffängt, wenn er einmal aus dem Gleichgewicht gerät.

Nachdem wir viel über diese Situationen gesprochen hatten und Hans seine negativen Gefühle mir gegenüber freier ausdrücken konnte – wie enttäuscht war er, dass der idealisierte Analytiker-Autor banale Fragen stellte und banale Antworten gab – versuchte er zum ersten Mal, eine Beziehung nicht mehr allein zu machen, sondern sie zusammen mit seiner jüngsten Eroberung Anna zu gestalten.

„Am Anfang der Analyse habe ich gedacht, Sie spinnen völlig, als Sie sagten, ich hätte Angst vor Frauen. Aber jetzt merke ich es oft sehr deutlich, wie ich weglaufen will, wie ich fürchte, dass mir die Kontrolle wegrutscht. Dann rede ich mit Anna. Ich hätte nie geglaubt, dass das geht, dass eine Frau das aushält und ich nachher wirklich entspannter bin. Jetzt verstehen wir uns oft am besten, wenn wir gar nichts Besonderes miteinander machen."

Das Dranbleiben und die Treue

In Ihrem Buch „Die Utopie der Treue" lässt Marina Gambaroff eine 30-jährige Frau sprechen. Sie redet über eine fortschrittliche Ehe, in der jeder Partner sexuelle Erfahrungen sammeln kann und in der diese Auffassung von einem Paar für ehrlicher gehalten wird als das klassische Treuegebot. Sie zitiert ihren Mann: Man fühle sich vielleicht in einer Landschaft besonders zu Hause – etwa in den Voralpen. Aber die Toscana oder die Nordseeküste böten reizvolle Abwechslungen.

Beide Partner haben sich also darauf geeinigt, dass sexuelle Erfahrungen außerhalb der Ehe gestattet und akzeptiert sind. Das ist rational schlüssig. In einer Gesellschaft sich selbst verwirklichender Individuen kann kein Mensch alles für einen anderen sein. Gegenseitige Großzügigkeit ist fair, sie respektiert die Entwicklung, die Erfahrungsmöglichkeiten des anderen.

Umso interessanter ist es, was die Frau in ihrer offenen Ehe erlebt: „Aber inzwischen habe ich das Gefühl, im Vergleich zu anderen Frauen echt hinterm Mond zu leben, so ein Dusseltier zu sein. Vielleicht bin ich phobisch oder wie man das so nennt. Ich erlebe eine wirklich tiefe und intensive Sexualität nämlich nur mit einem Partner, meinem Mann. Das fuchst mich manchmal ganz fürchterlich ... Ich fühle mich dadurch zu sehr an meinen Mann fixiert und finde, dass ich – trotz bester Vorsätze – meine Sexualität doch nicht voll leben kann. Denn so eine letzte Offenheit, so ein Gefühl von Unverstelltheit und Direktheit in der Lust, das fehlt einfach bei den anderen. Das erlebe ich nur bei ihm."[7]

Marina Gambaroff entwickelt daraus den Gedanken, dass es gerade in den Zeiten sexueller Libertinage etwas wie eine unbewusste Treue gibt. Sie schließt: „Wer von sich behauptet, er oder sie sei vollkommen treu in Tat und Phantasie, ist einem Selbstbetrug zum Opfer gefallen; wer von sich behauptet, mit der Untreue seines oder ihres Partners wie mit der eigenen ohne größere Schwierigkeiten umgehen zu können, ebenfalls."[8]

Die klassische, der Feudalzeit entsprungene Tugend der Treue hat viel mit dem Dranbleiben zu tun. Treue müsste nicht so oft beschworen und gefeiert werden, wenn sie dem Menschen leicht fiele. Die Geschichte des Mittelalters ist eine Geschichte von Treuebrüchen, von Rittern, die ihren Lehenseid nicht hielten, weil ihnen ein anderer Herrscher ein verlockenderes Angebot machte. Sexuelle Treue ist nicht weniger schwierig zu haben, und doch hören die Menschen nicht auf, sie sich zu wünschen.

In der „Zauberflöte", Mozarts Oper über Licht und Finsternis, erhabene und irdische Liebe, geht es immer wieder um Treue: Tamino bricht das Versprechen, das er der nächtlichen Königin gegeben hat, die Königin sucht ihre Tochter mit dem Treuegebot zu einem Mord zu bewegen, und Papageno sagt, was brave Bürger nur denken: „Ich will dir ewig treu bleiben … so lange ich keine Schönere finde!"

Vielleicht ist das Dranbleiben eine wichtige Ergänzung der klassischen Tugend der Treue. Es begleitet uns in den Widerspruch hinein, der die Treue in einer Zeit sich selbst verwirklichender Individuen befallen hat. Wenn wir bei unseren Wünschen bleiben und sie nicht verleugnen, fällt uns die eigene Treue schwer, aber ebenso schwer fällt es uns, auf die Treue unseres Partners zu verzichten. Das Dranbleiben erleichtert es uns, mit diesem Widerspruch zu leben, den wir nicht lösen können. Wenn wir Opfer eines Treuebruchs sind, fordert das Dranbleiben von uns, in der Kränkung nicht alles Gute aufzugeben, das wir von dem treulosen Partner bekommen haben. Und wenn wir den Treuebruch begehen, erleichtert es uns das Dranbleiben, die entstandene Kränkung nicht ins Unermessliche wachsen zu lassen, sondern sie einzuordnen und vielleicht zusammen mit dem Menschen zu verarbeiten, dem wir fremd geworden sind und dem wir doch vertraut bleiben wollen.

In den Liebesbeziehungen der Moderne, die auf freier Partnerwahl beruhen, wird das Fremdgehen fast immer als Verunsicherung, als mehr oder weniger unverzeihlicher Bruch eines Sicherheitsversprechens erlebt. Aber es ist völlig offen, wie dieser Bruch verarbeitet wird. Die archaischen Gesetze, nach denen Ehebrecher und Ehebrecherinnen gesteinigt werden, sind in modernen Staaten nicht mehr verbindlich. (Wie schwer der Verzicht auf solche grausamen Regeln ist, zeigt die Forderung der Islamisten, die Scharia wieder einzuführen.)

Für die Beziehungskultur der entwickelten Zivilisationen gilt: „Erlaubt ist, was gefällt!" Der Staat greift nur im Krisenfall ein. Nicht nur dem Fremdgeher wird Versagen vorgeworfen, sondern auch dem Treuen, der es so weit hat kommen lassen und jetzt so verständnislos ist.

In einem modernen Hollywood-Melodram packt der/die Betrogene gleich nach der schmerzlichen Erkenntnis die Koffer. In den Umfragen der Meinungsinstitute ist „Treue" nach wie vor ein Wert, ohne den sich die meisten Menschen eine Partnerschaft nicht vorstellen können. Allerdings gibt es einen charakteristischen Abbau dieses Ideals mit fortschreitendem Alter. Erheblich mehr Zwanzig- als Fünfzigjährige halten die Treue für unverzichtbar.

Für den jungen Erwachsenen, der noch die „richtige", die ideale Liebe sucht, ist es klar, dass er auf Dauer nicht mit jemand leben will, der ihm nicht treu ist. Daher würden nach einer Forsa-Umfrage aus dem Juli 2001 von den 18–29-Jährigen 60 Prozent einen Seitensprung nicht verzeihen, während sich von den über 45-Jährigen nur 40 Prozent von dem treulosen Partner trennen würden.

Wer ein Haus gebaut und Kinder zu versorgen hat, der weiß auch, dass es ebenso schwer ist, eine gewachsene Gemeinschaft aufzulösen, wie die eigenen Leidenschaften verlässlich an eine einzige Person zu binden. In der zitierten Umfrage gestanden 49 Prozent der Männer einen Seitensprung; bei den Frauen waren es 37 Prozent. Jede dritte Frau äußerte die Überzeugung, dass ihr Fehltritt das Liebesleben mit dem festen Partner verbessert habe.

Es gibt keine für alle verbindliche Autorität, die den Umgang mit dem regelt, was als sexuelle Treue gefordert werden darf. Der oder die Durchsetzungsfähigere bestimmt die Norm. Oft werden die Gefahren der Eifersucht ebenso wie die Bewertung der Lüge aus dem Bereich des *common sense*, des gesunden Menschenverstandes, herausgenommen und der Betroffenheitsrhetorik anvertraut. „Wenn du mich wirklich liebst, kannst du mir doch nicht diese harmlose Nebenlust verbieten, die dir doch nicht das Geringste wegnimmt!" „Wenn du mich wirklich liebst, kann es doch nicht so schwer sein, auf diese angeblich bedeutungslosen Seitensprünge zu verzichten, wo du doch weißt, wie sehr sie mich verletzen!" So entsteht eine Pattsituation, die von einem Machtkampf geprägt ist, in dem in jedem Fall die liebevollen Gefühle beschädigt werden.

Eifersucht ist weder unvernünftig, noch ist der vernünftige Umgang mit ihr unmöglich. Aber er ist unter den Bedingungen der Moderne erschwert. Denn in der Eifersucht geht es meistens um Sexualität in einer tieferen Bedeutung als der Lust. Da die sexuelle Beziehung geschaffen ist, Kinder zu zeugen, ist sie mit der Phantasie einer engen, unauflöslichen, Halt gebenden Beziehung verknüpft.

Diese Form der Geborgenheit wird in der Moderne umso wichtiger, je ausgeprägter die Freisetzungsprozesse sind. In Großfamilie, Inselwelt, Dorf, Gebirgstal fühle ich mich geborgen, auch wenn meine Ehe kriselt. Es gibt sozusagen eine Heimat außerhalb des Liebespartners. Aber in den Großstädten suchen viele Menschen allein bei der Person, mit der sie Tisch und Bett teilen, ihre Ersatzheimat. Die Möglichkeit, den Staub des Heimatdorfes von den Füßen zu schütteln, wenn es gar zu eng und bedrückend wird, ist teuer bezahlt. Denn der geliebte Mensch, der die neu gewonnene Mobilität begleiten und stabilisieren soll, kann so viel Halt nur geben, wenn er vollkommen ist.

Die jugendlichen, ungestümen Bürger der Moderne sind an dieses Ideal der Vollkommenheit gebunden. Sie verlieben sich und glauben für eine Weile, sie hätten es sich erfüllt. Sie entlieben sich, wenn ein Schatten auf die Beziehung fällt. Nicht wenige verharren in diesem Stadium des *swinging single*.

Aber wer sich immer trennt, wenn es wieder die „richtige Beziehung" nicht war, gerät in eine ähnliche Leere wie der ungeduldige Fernsehzuschauer, der seine Abende zu Fragmenten von Bildfolgen zerzappt.

Wer sich entwickeln will, muss lernen, bei einem Menschen zu bleiben und die Eheformel von den guten und schlechten Tagen nicht als Fessel, sondern als Chance zu begreifen. Die Beziehung organisiert sich auf einem gleichzeitig höheren und tieferen Niveau, wenn beispielsweise eine Eifersuchtskrise wirklich verarbeitet, eine heftige Aggression gegen den Partner zugelassen und durchgestanden werden konnte.

Wer sich tiefer bindet, wer gemeinsame Kinder riskiert, der muss zwangsläufig mit Enttäuschungen fertig werden und die Illusion der Verliebtheit aufgeben. In diesem Prozess wird die Treue vom Ideal zur Wirklichkeit, von der moralischen Forderung zur emotionalen Basis. Die vielleicht stolzeste Leistung dieser gemeinsamen Entwicklung eines Paares ist es, dem Partner eine Untreue zu verzeihen, zu erkennen, dass er in Unwesentlichem fremdgegangen, im Wesentlichen aber geblieben ist. Der typische Eifersuchtskonflikt dreht dieses Verhältnis um: Dann ist alles Wesentliche verloren gegangen. Mit dem Rest kann niemand leben.

Jüngst versuchte ich einem Paar, das sich trennen wollte und allein wegen des dreijährigen Kindes eine Partnertherapie begonnen hatte, mit einem Vergleich zu erklären, was mir in ihrer Beziehung zu fehlen schien. Sie hätten, sagte ich, aus der Phase der Verliebheit, der Verschmelzung, der Hoffnung, in der Beziehung alle Probleme gelöst zu finden, nicht in die Phase des Managements einer Liebesbeziehung als Partner gefunden.

Dieses beginnt zwangsläufig, wenn es darum geht, ein Kind zu versorgen. Denn dann gibt es keine Verschmelzung mehr, in der kindliche Bedürfnisse aneinander unbewusst mitbefriedigt werden. Dann gibt es zwei Eltern, die ein Baby versorgen müssen. Wenn sie sich das partnerschaftlich teilen, verschmelzen sie abwechselnd mit diesem. Bleibt die Mutter beim Kind, muss sie den Abstand des Vaters von ihrer Symbiose mit dem Baby ebenso managen wie der Vater die Tatsache, dass es ein Drittes in der Beziehung gibt und dass seine Frau nicht mehr wie früher für seine kindlichen Bedürfnisse da sein kann.

In diesem Fall hatte es der Vater nicht ertragen, dass die meiste Liebe nicht mehr ihm galt, sondern dem Baby. War es ihm misslungen, die Vaterrolle anzunehmen? Hatte seine Frau ihn ausgeschlossen? Sie kanzelte ihn ab, er solle seine Wünsche zurückstellen, sie brauche kein zweites Kind. Er wandte sich einer anderen Frau zu. Seine Partnerin konnte ihm diese Treulosigkeit nicht verzeihen, obwohl er zu ihr zurückgekehrt war.

Bald zeigte sich, dass diese beiden sehr begabten, erfolgreichen und tatkräftigen Menschen chronisch unzufrieden waren. Beide kompensierten durch Höchstleistungen im Beruf frühe

Verletzungen aus Familien, in denen sie wenig Anerkennung und Ruhe gefunden hatten. Beide hatten die Verliebtheitsphase als riesiges Versprechen empfunden, jetzt endlich Ruhe und Frieden zu finden.

Als sich herausstellte, dass die Bereicherung durch das Kind mit Verlusten an gegenseitiger Bestätigung verknüpft war, entwerteten sie sich in Tat und Wort. Beide waren vor ihrer Ehe in Führungspositionen tätig gewesen und hörten mir ebenso nachdenklich wie empört zu, als ich ihnen erklärte, sie wüssten doch, dass ein guter Manager seine Mitarbeiter nicht entwertet. Er kritisiert sie nicht in Grund und Boden und bedroht sie beim kleinsten Fehler mit dem Hinauswurf, sondern versucht, ihre Stärken anzuerkennen und ihre Schwächen durch genaue Rückmeldungen allmählich zu neutralisieren. In der Verliebtheit komme man vielleicht ohne Management aus, aber in einer Familie, wo Kinder zu versorgen sind, müsse jeder Partner der Manager des anderen werden, um ihn in seiner neuen Rolle zu fördern.

„Die Liebesbeziehung, die ich möchte, soll anders, soll besser sein, als die Beziehungen, die ich in der Firma hatte", sagte sie daraufhin energisch, und er nickte. „Management, das hört sich nach Kosten und Nutzen, nach Manipulation an, kalt und berechnend."

„Man sollte sich in einer Ehe nicht schlechter behandeln, als man einen Kollegen oder eine Kollegin behandelt. Wenn es noch besser geht, wunderbar. Die Management-Beziehung ist sozusagen eine Auffangstation, ein Puffer zwischen Verliebtheit und Hass", entgegnete ich.

Nicht die Treue an sich, sondern der Dranbleiben schenkt einem Paar die Grundlage, den schmerzhaften Prozess der Desillusionierung gemeinsam zu bewältigen. Er gelingt, wenn sie lernen, sich in ihm, so gut es geht, zu unterstützen. Dann haben sie eine Chance, die kostbaren Momente abzuwarten und zu erneuern, in denen aus der Routine eines vertrauten Ehe- und Elternteams eine neue Verliebtheit wächst.

Liebespartner verheißen einander die zentrale Garantie von Geborgenheit, das Versprechen einer eigentlich bedingungslosen Liebe und Fürsorge angesichts einer Welt, in der jedes Ding und jede Dienstleistung ihren Preis hat. Jede Beziehung von ähnlich verschmelzender (oder auch nur als verschmelzend phantasierter) Intensität wie die, welche als „meine Beziehung" erlebt wird, reißt dann eine Lücke in die schützende Außenhaut. Je nachdem, wie stark sich das Paar bisher in wechselseitigen Idealisierungen gegen die Umwelt abgegrenzt hat, ist diese Lücke so unangenehm wie ein Rostloch in einer Autokarosserie, ein Riss in der Kabine eines Düsenflugzeugs oder ein Schaden in der Hülle einer Raumstation. Einmal dringt nur Regen ein. Der Wert des Fahrzeugs sinkt. Wird nichts unternommen, kann der Schaden um sich greifen und tragende Teile angreifen. Im zweiten Fall ist es eine ernstliche Havarie, in der die Passagiere mindestens mit Atemnot rechnen müssen. Im luftleeren Raum ist das kleinste Leck tödlich.

Wie viele kostbare menschliche Qualitäten ist auch die Treue durch falsche Freunde mehr bedroht als durch energische Feinde. Diese falschen Freunde sind die starre Pflicht, der soziale Zwang, die moralische Sanktion. Es sind jene innere Trägheit und geistige wie emotionale Ödnis, die einen Treuedünkel begründen können, obwohl sie in Wahrheit nur die Unfähigkeit zur Initiative ausdrücken.

Wer zu einer erfüllten Gefühlsbeziehung gar nicht in der Lage ist, dem kommt es zupass, seine Unbeweglichkeit als Treue auszugeben. Aber auf diese Weise wird die Treue selbst mit Langeweile und einem Entwicklungsdefizit verknüpft, die sie freudlos machen. So bleibt sie als leere Hülle bestehen.

In der therapeutischen Praxis lernt man nicht selten Menschen kennen, die jeder festen Beziehung ausweichen, weil sie als Kinder einem solchen „treuen" Elternpaar ausgeliefert waren. Zuerst scheint es rätselhaft, weshalb sie derart wohlgeordnete Familienverhältnisse nicht zu mehr Zuversicht inspiriert haben. Aber bei genauerem Hinsehen erkennt man hinter dem Schleier der Norm die Unfähigkeit der Eltern, sich miteinander zu entwickeln, sich aneinander zu freuen, ihre Beziehung zu erfüllen. Dem Kind muss dann die Ehe wie eine Fallgrube erscheinen, aus der es nur den Ausweg in ein Gefängnis gibt.

Der falsche Freund der Treue ist also die Trägheit; ihr ehrlicher Feind, aus dem ein starker Verbündeter werden kann, ist die Neu-Gier. Mit Bindestrich geschrieben, verliert die Neu-Gier etwas von der Harmlosigkeit des Hinguckens und Hinhörens ins Unbefugte. Sie wird als ein mächtiger Trieb deutlich, der den Menschen bewegt, zu erobern, zu erschließen, sich zu bewegen, das Bekannte zu verlassen und „fremd zu gehen".

Erfüllte, lebendige Treue hängt davon ab, ob es gelingt, diese Neu-Gier soweit anzunehmen und zu lenken, dass sie sich unbeirrt und energisch auf den Partner richtet, dass seine Entwicklung, sein Wohlergehen, seine Geschichte, seine Gefühle interessant sind und an ihm immer wieder etwas Neues entdeckt werden kann.

Das ist nicht so schwierig, wie es klingt. Der Mensch, dem wir uns mit liebevoller Aufmerksamkeit zuwenden, ist unerschöpflich, wenn wir erst angefangen haben, seine Realität zu akzeptieren, ihm nicht wie ein Fanatiker, sondern wie ein Forscher, ein Ethnograph zu begegnen. Der Fanatiker sieht immer nur Ansatzpunkte, den anderen so zu machen, wie es ihm seine eigene Überzeugung von richtig und falsch gebietet. Der Forscher hingegen akzeptiert seine Unwissenheit und lässt sich überraschen; er stellt Fragen und verzichtet darauf, zu missionieren.

Das Dranbleiben ist genau die Qualität, welche aus der Treue des Fanatikers die Treue des Forschers machen kann. Denn der Fanatiker ist nur so lange treu, wie der Gegenstand der Treue genau seinen Vorstellungen entspricht. Tut er das nicht mehr, wird er fallengelassen, entwertet, ja zerstört. Der Forscher hingegen rechnet von Anfang an mit Überraschungen. Wenn etwas ganz anders ist, als er es erwartet, führt ihn das nicht dazu, seinen Gegenstand fallen zu lassen, sondern seine Bemühungen zu steigern, um zu verstehen, was geschehen ist. Er kann dranbleiben, weil er mehr Abstand hat, mehr Bewegung zulassen kann und deshalb durch eine unerwartete Bewegung nicht so verletzt wird, dass er bewegungsunfähig auf der Strecke bleibt.

3. Kapitel
Die Aufschieber

> Nicht ins Chaos hinabsteigen, sich wenigs-
> tens nicht dort aufhalten! Sondern aus
> dem Chaos, welches die Fülle ist, ans Licht
> emporheben, was fähig und reif ist, Form
> zu gewinnen. Nicht grübeln: Arbeiten! Begren-
> zen, ausschalten, gestalten, fertig werden ...
> Und es wurde fertig, das Leidenswerk. Es wurde
> vielleicht nicht gut, aber es wurde fertig. Und
> als es fertig war, siehe, da war es auch gut. [9]

Jonas erhält den Termin für seine Diplomarbeit. Er hat ein ganzes Jahr Zeit, daher will er sich gründlich vorbereiten. Er sammelt Literatur, konsultiert Fachleute, häuft Berge von Material
auf. Manchmal erdrückt ihn der Gedanke an die Fülle der angesammelten und noch gar nicht gesichteten Literatur, aber
wenn er sich an einen der Stöße macht und Verwertbares von
Unbrauchbarem trennen will, wird er schnell müde und schich-
tet den Stapel nur um, weil er ja noch nicht genau weiß, was
er alles brauchen kann und welche Aspekte er weglassen wird.
Viel lieber zieht er aus und sammelt neue, entlegene Quellen.
Ein Freund, der ihn in seinem Arbeitszimmer besucht und wie
ein Storch über die überall verteilten Stapel von Sonderdrucken,

Büchern und Zeitschriften steigt, studiert die angesammelten Titel, schüttelt den Kopf und sagt: „Ich glaube, du willst das Rad neu erfinden."

Schließlich rückt der Termin so nahe, dass Jonas nachts hochschreckt, weil er außer vielen Seiten mit Gliederungen und Entwürfen noch keine Zeile der Endfassung zu Papier gebracht hat. Jetzt muss er sich wirklich hinsetzen! Aber wenn er gefrühstückt hat, findet sich immer etwas, das dringend erledigt werden muss. Vorher hat er die Ruhe nicht, sich an den Schreibtisch zu setzen. Das Auto muss repariert werden, es gibt Gartenarbeit, das Arbeitszimmer ist versifft, er muss putzen und staubsaugen. Schließlich ist alles erledigt, da ruft ein Freund an: ein Computerproblem, Jonas ist in der Clique der Experte. Aufatmend packt er die CDs mit seinen Spezialprogrammen ein und macht sich auf den Weg.

In der Nacht kommt das schlechte Gewissen wieder. Wenn er sich jetzt nicht dranmacht, wird er nicht fertig. Ob er den Termin verlängern, einen Aufschub erwirken kann? Er ist doch ein fleißiger Student, seine Freunde halten ihn für sehr begabt, wenn er im Seminar diskutiert, hören die anderen zu, sein Betreuer findet seine Gedanken spannend – warum nur kann er nicht dranbleiben und die Sache durchziehen?

Geschichten wie die hier begonnene enden unterschiedlich. In den meisten Fällen wird die Arbeit schließlich doch noch fertig: in den letzten Stunden, Tag und Nacht in ruinöser Selbstüberforderung geschaffen, mit Hilfe von Aufputschmitteln und dem quälenden Gefühl, längst nicht das zustande zu bringen, was beabsichtigt war.

In anderen Fällen wird der Abschluss, von Verlängerung zu Verlängerung verschoben, schließlich aufgegeben. Manchmal entpuppen sich dann die Vorarbeiten als Kunstwerk in eigenem Recht. Einer meiner Jugendfreunde brach ein Architekturstudium am damaligen Polytechnikum vor dem Examen ab, holte das Abitur nach und machte sich an ein Studium der Kunstgeschichte. Er war reich begabt, besaß ein außerordentliches Organisationstalent und nutzte seine Kenntnisse im Bauwesen, um mit großem Geschick alte Häuser billig zu kaufen und zu sanieren. Das Studium der Kunstgeschichte führte ihn dann in das Anfangsstadium einer Promotion über einen Bildhauer des 19. Jahrhunderts.

Im Verlauf seiner Vorbereitung auf die Niederschrift der Dissertation legte er eine eindrucksvolle Sammlung von Kunstwerken aus der Epoche „seines" Meisters an. Er erwarb eine kostbare alte Bibliothek fast um die Transportkosten, lernte die Enkelin des Künstlers kennen und erhielt von der alten Dame einige hochinteressante Wachsmodelle zum Geschenk. Den Text selbst hat er bis heute nicht fertig geschrieben, obwohl der Plan zu ihm älter ist als sein dreißigjähriger Sohn.

Thomas Mann hat sich in seiner Novelle „Schwere Stunde" mit den Qualen der Arbeitsstörung beschäftigt, die dadurch entsteht, dass die Realität des eigenen Werkes dem unbarmherzigen Anspruch nicht standhält und der Zweifel immer wieder niedergerungen werden muss. Er beschreibt auch die destruktiven Lösungen des Heldens seiner Erzählung, Friedrich von Schiller, der mit „sehnsüchtiger Feindschaft" nach Weimar hinüberdenkt, wo der geliebte Rivale Goethe so viel leichter und müheloser arbeitet und lebt. Der Arzt hat ihm die Aufputschmittel verboten, den Likör und den Mokka, er hat die Stubenarbeit begrenzen wollen – aber wie soll das große, das überzeugende Werk entstehen, wenn nicht auf diesem Weg?

Die Arbeitsstörung der Aufschieber wurzelt häufig in einer unbewussten Größenphantasie („du willst wohl das Rad neu erfinden"). Das primär unsichere Selbstgefühl, ob die eigene Arbeit gut genug ist, soll durch eine große Bemühung, die an Gründlichkeit und Brillanz alle anderen übertrifft, kompensiert werden. Daher werden die Vorbereitungen und Vorarbeiten so intensiviert. Sie sind sozusagen die Rampe, mit deren Hilfe die himmelstürmende Rakete gebaut werden soll. Sich an die Rakete selbst zu machen, das endgültige Ergebnis der Arbeit – in diesem Fall den konkreten Text – herzustellen, ist demgegenüber sehr gefährlich und wird vermieden, so lange es eben geht.

Denn etwas, das bleiben soll, kann auch beurteilt werden. Das eigene Urteil ist aber extrem anspruchsvoll. Dieser banale Anfang, diese Jedermannseinleitung, diese leeren Phrasen – das soll meine Traumarbeit sein? Nie und nimmer, das ist eine unfertige, ungültige Skizze, ein Versuch. Die Gliederung, in der immer neue große Pläne umgeschichtet werden, ist dabei – wie alles Vorbereitende – das leichteste Stück; die Endfassung ist es, die so viel Angst auslöst, dass sie nur unter größter Selbstüberwindung angepackt wird.

Der Aufschieber gleicht einem Mann, der eine Mauer bauen soll, aber von jedem einzelnen Baustein erwartet, dass dieser bereits die ganze Mauer ist. Da das nicht der Fall ist, wirft er ihn weg und greift nach dem nächsten. Die kleinen Schritte, die – aneinander gereiht – das große Werk ermöglichen, können nur dann geleistet werden, wenn jeder von ihnen in seinem eigenen Recht akzeptiert wird. Der Aufschieber hungert so nach einem Erfolg und fürchtet sich so sehr vor dem Misserfolg, dass er sich nur einen explosiven Durchbruch aus der Vorbereitung in das Endergebnis vorstellen kann. Am liebsten wäre es ihm, wenn seine unendlich vielen aufgehäuften Vorbereitungen endlich eine „kritische Masse" gewännen und das Werk in einer spontanen Kettenreaktion entstünde. Der passende Mythos dazu ist die Geburt Athenes aus dem Haupt ihres Vaters. Zeus entwickelt heftige Kopfschmerzen, die so unerträglich werden, dass er seinen Sohn Hephaistos – den kunstfertigsten aller Götter – bittet, ihm das Haupt mit einer Axt zu spalten. Der Sohn ringt seine Angst nieder, dem Vater zu schaden, tut das Verlangte – und in glänzender Rüstung entsteigt die Göttin der Weisheit dem geöffneten Schädel.

Vielleicht sind die Probleme des Aufschiebers in einer natürlichen Beschaffenheit unseres höheren Nervensystems verankert. Während die vegetativen Nerven, welche ohne unser Wissen die Lebensvorgänge steuern, rhythmisch und zyklisch funktionieren, arbeitet das Großhirn linear – wir denken einen Gedanken von Anfang zu Ende, wie wir einen Pfeil abschießen, bis er sein Ziel erreicht. Die Kunst des Dranbleibens hängt aber eng mit der Kunst des Loslassens zusammen – etwa so, wie Einatmen und Ausatmen den Rhythmus des Lebens bestimmen, eines nicht sein kann ohne das andere.

Wer eine Arbeit, die sich nicht „in einer Linie" erledigen lässt, zu Ende bringen möchte, der muss auch lernen, mit dem Bruchstück des Ganzen, das er heute schaffen konnte, zurechtzukommen, ohne es zu entwerten. Je weniger Spielraum ihm dabei seine Größenphantasie lässt, desto weniger wird er das können. Man kann zwischen einer vom Narzissmus beherrschten Kreativität und einer solchen unterscheiden, der es gelingt, sich den Narzissmus zu unterwerfen und diesen in ihren Dienst zu stellen. Das von Thomas Mann beschriebene Ringen des Dichters mit seinem grandiosen Drama kennt diesen Konflikt, ohne ihn in dieser Terminologie zu benennen.

„Größe! Außerordentlichkeit! Welteroberung und Unsterblichkeit des Namens! Was galt alles Glück der ewig Unbekannten gegen dieses Ziel? Gekannt sein – gekannt und geliebt von den Völkern der Erde! Schwatzet von Ichsucht, die ihr nichts wisst von der Süßigkeit dieses Traumes und Dranges … Er kannte ihn wohl, den heimlichen Rausch dieser Liebe. Zuweilen brauchte er nur seine Hand zu beobachten, um von einer begeisterten Zärtlichkeit für sich selbst erfüllt zu werden, in deren Dienst er alles, was ihm an Waffen des Talentes und der Kunst gegeben war, zu stellen beschloss …"[10]

Erst in der Auseinandersetzung mit dieser primitiven Selbstliebe kann sich die Kreativität entfalten. Die künstlerische und wissenschaftliche Leistung ist immer ein Balanceakt zwischen der ursprünglichen Größenphantasie – „ich kann alles, mir gelingt alles!" – und der erworbenen Selbstkritik, in der kritische und beschämende Stellungnahmen der Umwelt gespeichert sind.

Um den schöpferischen Prozess zu tragen, ist die ausgewogene Mischung beider Kräfte notwendig. Wer banale Entwürfe als geniale Leistung ausgibt, macht sich lächerlich; wer jeden Entwurf zerreißt, kommt keinen Schritt weiter. Dem Aufschieber gelingt es nicht, diese Kräfte zu organisieren. Er ist ein Genie der Vorarbeit, weil er in ihr seine Energie ungestört entfalten kann, aber ein Versager in der Schöpfung des endgültigen Werkes.

Seit in der Renaissance die Person des Künstlers in ihrer Entfaltung und Tragik zum Gegenstand öffentlicher Aufmerksamkeit wurde, kennen wir dieses Dilemma. Die Gestalt Leonardo da Vincis etwa hat so viele Autoren nicht zuletzt deshalb gefesselt, weil er beweist, dass ein Aufschieber trotz allem auch ein Genie sein kann.

Leonardo vollendete nur ganz wenige seiner Arbeiten; die Zahl rastloser, nach allen Bereichen der Kunst und der Wissenschaft greifender Entwürfe überwiegt bei weitem. Was er nach langen Vorarbeiten und in größten Bedenken dann doch ausführte, beeindruckte seine Zeitgenossen zutiefst und führte dazu, dass er eine der am meisten bewunderten Figuren der Kunstgeschichte ist. Immer wieder wurde Leonardos unendliches Zögern, seine Leidenschaft für Vorarbeiten und Vorbereitungen, für Modelle und Entwürfe beschrieben. Fast nichts, was er schuf, konnte seiner Kritik standhalten; sein ungeheueres Talent verhalf ihm dazu, im Kampf mit diesem ebenso ungeheueren Anspruch wenigstens einige wenige Werke zu vollenden.

Was fertig ist, kann nicht mehr verbessert werden. Wer seine kritischen Fähigkeiten weit über sein Talent hinaus entwickelt, taugt nicht mehr zur produktiven Arbeit. Jedes Kunstwerk kann in den ersten Phasen der Produktion noch verbessert werden. Aber immer gibt es einen kritischen Punkt, an dem die möglichen Verbesserungen nicht mehr im Verhältnis zum notwendigen Aufwand stehen. Wer diese Eigenarten des sogenannten Grenznutzens nicht respektiert, wird am Ende sehr viel Energie vergeuden und Gefahr laufen, sein Werk zu zerstören.

Die ersten Verbesserungen sind immer auch die wirksamsten. Nach einiger Zeit bewirken sehr viel höhere Anstrengungen kaum mehr eine Verbesserung. Schließlich kippt der Verbesserungsprozess; weitere Korrekturen verschlechtern das Ergebnis.

Nehmen wir einen Zeichner: Er beginnt mit zarten Linien, die er kräftiger macht, wenn er die richtige Kontur gefunden hat. Lässt er sie aber nicht stehen, sondern korrigiert weiter und weiter, dann ist schließlich das Papier durch das viele Radieren unbrauchbar geworden, das Blatt verloren.

Wer einen Text einmal überarbeitet, kann ihn erheblich fördern. Wer es ein zweites Mal tut, kann immer noch viel glätten, anschaulicher machen, treffender formulieren. Wer aber zehnmal über den Text geht, wird ihn beim elften Mal kaum mehr verbessern können; vielleicht ist er inzwischen schon vorwiegend damit beschäftigt, die Korrekturen, die er beim siebten und achten Durchgang einfügte, wieder auszumerzen und durch die Formulierungen des dritten oder vierten Durchgangs zu ersetzen. Dranbleiben braucht das Auge für das richtige Maß, das Gefühl für den Rhythmus von Aufhören und Weitermachen.

Als ich einmal eine der selten gewordenen, noch ganz ursprünglichen Kulturlandschaften der Toscana betrachtete, fiel mir die ungleichmäßige Länge der Äcker auf. Sie wirkte harmonisch und schien auf eine mir nicht fassbare Weise geregelt. Ich machte meinen Begleiter, einen alten Bauern, darauf aufmerksam. Er lächelte über meine Beobachtung und verriet mir das Geheimnis: Es war der *fiato di bestia*, der Atem der Zugtiere, nach dem sich die Bauern richteten, wenn sie ein neues Feld rodeten. Was der Zugochse erschnaufen konnte, bis er in der Wende ausruhen durfte, das bestimmte die Länge der Furchen und damit den Zuschnitt der Äcker. Daher waren die Äcker in leichten Böden größer als die in einem schweren Lehmboden, in ebenem Gelände anders als an einem Hang.

In unseren alten Ausdrücken „Morgen" und „Tagwerk" für ein Stück Land hat sich ein Teil dieser Regel erhalten. Was ein tüchtiger Schnitter an einem Tag mähen konnte, war ein Tagwerk; der Morgen somit ein halbes Tagwerk.

Der Aufschieber arbeitet in einer derartigen Spannung zwischen Größenphantasie und Kritik, dass er keinen Rhythmus findet, in dem er ein Tagwerk beginnen und vollenden kann. Was er vollendet, muss einen so hohen Anspruch befriedigen, dass die narzisstischen Bedürfnisse die vernünftige Planung überrennen.

Wenn er jeden Tag ein Stück machen würde, müsste er es am Abend wieder auflösen, wie es Penelope mit ihrem Schleier tat – die aus guten Gründen damit nicht fertig werden wollte. Dieser kleine, mickrige, erbärmliche Fetzen von etwas, das doch ganz und groß und ganz groß sein muss – der hat kein Recht, bestehen zu bleiben. Ihn in seinem Recht zu belassen, ihn ruhen zu lassen und am nächsten Tag ein kleines Stück weiterzuarbeiten, das würde bedeuten, ein für alle Male die Phantasie aufzugeben, dass etwas Großes entstehen, etwas Vollendetes geschaffen werden wird.

Sehr oft sind diese Größenphantasien nicht mehr positiv auffindbar. Sie zeigen sich nur in einer immensen, unrealistischen Schärfe der Kritik. „Ich will beileibe nichts Großartiges machen", sagt der Aufschieber dann. „Wie kommst du auf diesen absurden Gedanken. Ich will nur eine ganz normale Leistung von erträglichem Durchschnitt abliefern, gar nichts Besonderes!"

Dann empfiehlt es sich oft, in seinen Papierkorb zu sehen. Dort finden sich dann die normalen, die durchschnittlichen Leistungen, die dem Aufschieber völlig unmöglich erscheinen und die er keinem fremden Urteil zumuten will.

Für den Aufschieber sind sozusagen die Rastplätze am Ackerrand, wo er bei der Wende zur nächsten Furche ausruhen und zurückschauen kann, mit einem giftigen Nebel erfüllt. Er hat das Gefühl, ersticken zu müssen, wenn er nicht alles auf einmal schafft: das ganze Feld in einem einzigen Atemzug, ohne abzusetzen, Tag und Nacht. In dieser rastlosen Arbeit kann er die Zweifel und Bedenken zum Verstummen bringen, die ihn quälend überfallen, wenn er zwischendurch ausrasten, sich etwas Schönes gönnen, die verdiente Ruhe mit Freude und Entspannung füllen möchte.

Wenn es dem Aufschieber gelingt, die Examensarbeit, an der andere ein halbes Jahr schreiben, in zwei Wochen aufs Papier zu werfen und völlig übernächtigt beim letztmöglichen Termin das ausgedruckte Exemplar abzuliefern, sehen wir einen geschlagenen, geplagten Menschen. Es fällt uns nicht leicht, den narzisstischen Triumph zu erkennen, der mit dieser Aktion verknüpft ist.

Aber manchmal finden wir ihn doch – etwa, wenn der Aufschieber den Kopf über eine andere Arbeit schüttelt. Dafür hat dieser Mensch ein halbes Jahr gebraucht! Seine eigene Arbeit ist nicht viel besser. Aber das liegt daran, dass er sie in vierzehn Tagen hingehauen hat. Wenn er sich das Jahr Zeit hätte nehmen können, wenn nicht so viel dazwischen gekommen wäre – dann!

Die Durchschnittsphobie

Mit Phobie meinen wir die ängstliche, das Leben einschränkende Vermeidung von Situationen, die keine reale Gefahr darstellen. Menschen, die an einer Phobie leiden, fürchten sich beispielsweise, zu erröten, über einen freien Platz zu gehen, allein zu sein oder ein geschlachtetes Tier zu sehen.

Eine dem Aufschieben verwandte Störung der Kreativität und des Realitätsbezugs ist eine Phobie, die sich dagegen richtet, durchschnittlich zu sein. Wer durchschnittlich ist, ist schlecht, wertlos, eine Null unter Nullen. Der Aufschieber, der in wenigen Wochen eine Arbeit schafft, macht auf diese Weise ein durchschnittliches Ergebnis zu einer außerordentlichen Leistung.

Die Durchschnittsphobie fiel mir das erste Mal im Gespräch mit einem Manager auf. Er schilderte sich als zurückgezogenes, stilles Kind, das am liebsten im Sandkasten hinter dem Haus spielte, als typischen Spätentwickler. Er sei ein erbärmlich schlechter Schüler gewesen. Während des Studiums sei er aufgeblüht und habe *summa cum laude* promoviert.

Ähnlich sei er auch in der Firma zuerst gar nicht gut angekommen. Aber nach einigen Jahren habe er alle durch seine Erfolge so verblüfft, dass ihn der jetzige Aufsichtsratsvorsitzende für das Vorstandsamt aussuchte. Jetzt seien alle von ihm enttäuscht, das mache ihm schrecklich zu schaffen.

Er hatte von seinem Vorstandsamt eine ähnliche Entwicklung vom Aschenputtel zur Prinzessin erwartet. Obwohl er die objektiven Hindernisse und die emotionalen Spannungen im Führungsteam intellektuell erfassen konnte, gelang es ihm nicht, seinen eigenen Beitrag in der Führung des Unternehmens realistisch einzuschätzen. Er konnte nicht wahrnehmen, dass er seine Sache weder exzellent noch miserabel machte, sondern durchaus angemessen. Seine Rede vom miserablen Schüler und vom exzellenten Studenten schien mir diese Situation vorwegzunehmen, und ich fragte ihn, was er denn für Schulnoten gehabt habe.

„Schlechter als befriedigend war ich nie", sagte er.

Die Phantasie, etwas Besonders zu sein, die beste Leistung zu erbringen, ganz anders zu denken, zu fühlen, in den Urlaub zu reisen oder sein Sexualleben zu pflegen als der Durchschnitt, ist völlig normal, sozusagen durchschnittlich, ein wesentlicher Bestandteil der seelischen Ausrüstung des Menschen in der modernen Gesellschaft. Diese Paradoxie ist uns aus den ironischen Kommentaren der Tagespresse vor allem dort vertraut, wo es um den Tourismus geht. Die Illusion, anders zu reisen als die Massen der Touristen, wird in der Reiseindustrie sozusagen am Fließband produziert. Touristen sind immer die anderen, die mich im Genuss meiner Individualreise stören.

Die Angst, „normal" im Sinn von durchschnittlich zu sein, ist ein ganz wesentliches Hindernis im Dranbleiben. Dranbleiben ist realitäts- und aufgabenbezogen. So lange ich wirklich in einer Tätigkeit aufgehe, mich voll auf sie konzentriere, ist die Frage nach „durchschnittlich" oder „perfekt" völlig belanglos. Gute, professionelle Arbeit ist immer an einer solchen Normalität orientiert. Perfektion ist ein nicht ganz erreichbares Ideal, dem wir uns nähern können. Sie ist nie eine realistische Norm.

Die realistische Orientierung sucht nach dem normalen Ergebnis. Sie will nicht besser sein als alle anderen, aber auch nicht unter den professionellen Standard absinken. Wer zunächst einmal eine Arbeit abliefern will wie andere auch, entdeckt viel eher eine originelle Lösung als der Perfektionist, der sich in jedem Satz beweisen möchte, wie weit er über dem Durchschnitt liegt.

Wer sich eine Weile mit dem Perfektionisten beschäftigt und versucht, ihn von seinem Anspruch zu heilen, gerät in ein Dilemma. Er hat den Eindruck, dass alle guten Ratschläge und mäßigenden Empfehlungen nicht so richtig greifen wollen, obwohl der Perfektionist doch alles einsieht und sich wirklich bessern will.

Wenn beide sich dann ein wenig zurücklehnen und entspannen, fällt ihnen vielleicht auf, in welche Falle sie geraten sind.

Sie haben versucht, den Perfektionismus vollkommen zu überwinden.

4. Kapitel
Absicht und Wille

> „Ich bin voller Argwohn und Bosheit gegen Das, was man 'Ideal' nennt ... Man täuscht sich jedes Mal, wenn man einen ‚Fortschritt' von einem Ideal erwartet; der Sieg des Ideals war jedes Mal bisher eine retrograde Bewegung."[11]

Wer den Bogen nicht kräftig spannt, wird keinen Pfeil ins Ziel bringen. Wer ihn überspannt, zerbricht ihn. Dieses Problem hat die Menschen immer wieder beschäftigt. Es gehört zu dem skizzierten Dilemma, dass es keine glatte Lösung gibt. Wer den Bogen schont, muss mit dem Zweifel fertig werden, dass er mit mehr Risikofreude mehr erreicht hätte. Wem er in den Händen zerbricht, der muss sich vorwerfen, dass er durch seinen blinden Eifer jetzt viel weniger erreicht als vorsichtigere Rivalen.

Angesichts eines einfachen Geräts, das wir sehen und fassen können, lässt sich eine mittlere Anstrengung, die das beste Ergebnis erreicht, in der Regel finden. Aber in unserer Psyche sind die Zusammenhänge komplizierter. Das hängt damit zusammen, dass viele wesentliche Leistungen gerade nicht durch eine bewusste Willensanstrengung erzielt werden können. Der Wille leistet einen wichtigen Beitrag, aber wenn er etwas anderes, Geheimnisvolles ersetzen soll, wird er womöglich zu einer Kraft, welche den Erfolg des Ganzen gefährdet.

Eine moderne Metapher für diese Spannung zwischen dem bewussten Willen und dem, was hinzukommen muss, ist die Unterscheidung der seelischen Instanzen des „Ich" und des „Es". Das Ich ist der Träger des Bewusstseins, aber es hat auch unbewusste Anteile. Von ihm wird die Anpassung an die Realität organisiert. Das Ich erhält viele Aufgaben aus dem Bereich des Es, der leiblichen Mangelzustände (Hunger, Durst), der sexuellen Triebe und der Bedürfnisse, sich durch gute Kontakte mit der sozialen Umwelt vor den Gefahren zu schützen, die von anderen Menschen ausgehen können. Das Ich ist daher auch die „Stätte der Angst", wie Freud sagt.

Das Modell Freuds erlaubt es uns, einen Gedanken zu veranschaulichen, der für das Dranbleiben sehr wichtig ist. Er gehört nicht der Psychoanalyse, er ist viel älter, wir finden ihn bei den Vorsokratikern ebenso wie bei den Lehrern des Yoga und des Zen. Das Dranbleiben, welches allein durch unseren bewussten Willen erreicht und durchgehalten werden soll, ist unvollständig. Es kann gelingen, es kann aber auch anstrengend, unproduktiv, letztlich erfolglos werden, wenn nicht etwas hinzukommt, was wir nicht durch unsere Absicht steuern und durch unsere Wahrnehmung kontrollieren können.

Ich und Es lassen sich mit Reiter und Pferd vergleichen: wenn beide harmonieren und sich aufeinander einstellen, entsteht eine mächtige Einheit. Wenn das nicht gelingt, kann es gefährlich werden; ein Reiter, der mit gebrochenen Gliedern im Graben liegt, ist schlechter dran als ein Fußgänger.

Der Reiter und das Pferd sind anders zu sehen als der Schütze und sein Bogen. Das Pferd nimmt einen Dialog auf, es bedarf einer ständigen Auseinandersetzung, um die notwendige

Kontrolle über das Tier aufrechtzuerhalten. Zu dieser Kontrolle gehört es, sowohl zu befehlen wie auch zu versorgen; nur ein gut gefüttertes und gepflegtes Pferd wird den Reiter voranbringen.

Viele Störungen im Dranbleiben beruhen darauf, dass der Reiter mit dem Pferd umgeht wie die Schildbürger mit ihrem Stadtgaul: Es störte sie, dass das tüchtige und willige Tier auch fressen wollte. So verminderten sie seine Haferration um einen Halm pro Tag. Als sie endlich stolz erwarteten, das Tier werde jetzt haferfrei arbeiten, lag es tot im Stall.[12]

Ein lehrreiches Beispiel für solches Verhalten sind viele Prüfungsneurosen. Es gibt Menschen, die immer vor Prüfungen in einen Ausnahmezustand geraten, weil sie ihre Bereitschaft zu lernen total überfordern. Sie befehlen sich sozusagen, Tag und Nacht ohne Pause zu studieren. Dadurch entsteht ein Gegenwille – ein innerer Dämon, der überhaupt nicht mehr lernen mag. Kein Prüfungsneurotiker kann eine Stunde lernen und dann eine Stunde etwas tun, was ihm Freude macht und ihn entspannt. Er lernt eine Stunde und bestraft sich dann eine Stunde, weil er nicht genügend gelernt hat.

Die Beziehung zum Es, die ein solches Ich aufnimmt, ist in diesen Fällen so gestört, als gäbe ein Reiter seinem Pferd immer nur abwechselnd die Peitsche oder die Sporen, nie aber eine Gelegenheit, sich auszuruhen, zu fressen und zu saufen.

Das forcierte Kleben an einem Thema – im Fall der Prüfung am Stoff, der gelernt werden soll – muss vom gesunden Dranbleiben unterschieden werden. Wo es kein Loslassen mehr geben darf, ist ein echtes Dranbleiben auch nicht mehr möglich. Das Kleben an der Aufgabe weckt einen Widerstand gegen sie. Dieser führt dazu, dass der Betroffene immer mehr Kraft verbraucht, um seine inneren Hemmungen niederzukämpfen, und immer weniger Energie zur Verfügung hat, um sein Ziel zu erreichen. Das Ziel wird nicht erreicht, weil der Wille Amok läuft und die Bedürfnisse des Es nach Befriedigung und Bestätigung nicht annehmen kann.

Hier wird deutlich, dass das gelingende Dranbleiben nicht an einer, sondern an zwei Grenzen erfolgt: An der Grenze zum Gegenstand und an der Grenze zwischen der bewussten Absicht und dem Unbewussten, der Emotionalität, der Triebhaftigkeit, der Intuition. Wer sich in seinem Dranbleiben nur auf seine Absicht und seinen Willen verlässt, ohne seine Gefühle einzubeziehen und ernst zu nehmen, produziert schließlich innere Widerstände, die seine Fähigkeiten lähmen.

Eine Fallskizze soll diese Dynamik zeigen. Der Titel bezieht sich auf einen Mythos: Die in großer Unterdrückung lebenden Frauen der patriarchalischen Gesellschaft der Antike werden im Bacchus-Kult zügellos, wild, grenzüberschreitend. Dabei diente im Patriarchat immer die Vorstellung einer extremen Triebhaftigkeit der Frau ihrer Unterdrückung, umgekehrt stimulierte die Unterdrückung die befürchtete Triebhaftigkeit. In der folgenden Geschichte soll ein modernes Bild dieses Konflikts gezeichnet werden.

Die Bacchantin

Sie ist sehr schlank, fast zierlich, trägt die schönen Haare in einem Knoten, spricht mit leiser Stimme und zögert beim Händedruck. Sie ist immer eine Minute zu früh da. Ihr Konto ist nie überzogen, sie fährt viel mit dem Rad, sie friert leicht und erneuert öfter den Vorsatz, mehr zu trinken, wegen ihrer Neigung zu Blasenentzündungen.

An ihrem dreißigsten Geburtstag hat ihr die Mutter mittags ein Fest ausgerichtet. Die Mutter trank Prosecco und redete laut. Als sich die Mutter das nächste Glas einschenken wollte, sagte die Bacchantin mit einer Energie, die sie überraschte: „Lass es jetzt gut sein, mach eine Pause!"

Die Mutter erschrak und trank eine Weile nichts mehr, und die Tochter schämte sich über ihren Zorn und hoffte, dass ihn keiner bemerkte.

Am Abend feierte sie mit ihren Freunden. Mit jedem Schluck Sekt wurde sie fröhlicher, sie tanzte eng mit einem Kollegen, er flirtete mit ihr und sie mit ihm, sie zogen durch die Kneipen.

Am nächsten Morgen hatte sie Kopfschmerzen und wäre gern länger im Bett geblieben. Aber sie musste dem Kater trotzen und ärgerte sich über ihren Freund, der bis Mittag liegen blieb. Die Party hatte man in der Kanzlei gefeiert, wo sie nach dem Referendariat schon ihr Arbeitsraum erwartete, und ehe die Putzfrau kam, mussten die Gläser gespült und das Ärgste weggeräumt werden, das konnte man der Hilfe doch nicht zumuten.

In dieser Nacht träumte sie, dass sie mit ihrem Vater im Auto saß. Er fuhr, aber er fuhr ganz anders als sonst, waghalsig, in Schlangenlinien, er war betrunken. Sie war schockiert. Das passte doch nicht zu ihm, er war doch immer korrekt. Und schon hörte sie die Sirene, das Blaulicht flackerte über den Rückspiegel in ihre Augen. Schnell rutschte sie auf den Schoß des Vaters, schubste ihn nach drüben und setzte sich hinter das Steuer. Er murmelte etwas. Ob sie getrunken hätte, fragte einer der Polizisten. Nein, keineswegs! Er prüfte ihren Atem. Sie blieb ganz ruhig.

Dann machte sie dem Vater Vorwürfe. Er wäre seinen Schein los, wenn sie ihm nicht geholfen hätte. Was er sich dabei denke! Sturzbetrunken zu fahren!

Die Tage danach leidet sie unter Muskelschmerzen. Sie sammeln sich schließlich in den Wangenmuskeln, die ganze Nacht muss sie geknirscht haben. Sie kommt nicht aus dem Bett. Sonst kann sie frisch aufstehen. Jetzt braucht sie zwei Wecker und hört im Radio eine Nachricht und noch eine Nachricht und will nur noch schlafen.

Sie träumt wirre Dinge: Sie ist im Gebirge und soll einen Taucheranzug anziehen. Aber es gibt dort nichts zu tauchen, und der Anzug ist eher wie die Rüstung eines Spielers – Eishockey, Football, mit breiten Schultern und einem Helm. Ehe sie die anlegt, muss sie noch pinkeln, sie geht ganz nach oben auf einen Grat und setzt sich hin und Ströme fließen den Berg herunter, alle können sie sehen, sie versteht nicht, warum sie das tut, es ist schrecklich peinlich, als einige Wanderer vorbeikommen.

Dieser Kampf des Wilden gegen das Ordentliche, in dem das Wilde wilder wird, weil es sich so sehr unterdrückt fühlt, und das Ordentliche strenger, weil das Wilde so viel wilder geworden ist, führt schließlich dazu, dass die Bacchantin immer im Unrecht ist: Fügt sie sich, ärgert sie sich, weil sie so brav ist; fügt sie sich nicht, hat sie Schuldgefühle, weil sie so böse ist. Sie ist wütend auf ihre Mutter, die zu viel trinkt, aber sie hat doch selbst eine tolle Lust, zu viel zu trinken, und danach ein grässlich schlechtes Gewissen. Im Traum schafft sie sich ein Stück Erleichterung: Wenn der Vater, der stets korrekte, betrunken Auto fährt und wenn sie ihn, korrekter als er, vor der Polizei rettet – dann ist doch ihre kleine Orgie am Abend vorher entschuldigt!

Die Wurzeln solcher Konflikte zwischen gehemmter Lust und lustvollem Hemmungsbruch liegen in der analen Phase, in den Dramen der Sauberkeitserziehung, in denen das Kind akzeptieren soll, welche Grenzen zwischen gut und böse, sauber und schmutzig die Eltern ziehen. Sie fordern, dass das Kind Dinge schlecht findet, die es bisher genossen hat. Die Bacchantin darf sich nicht lustvoll verströmen. Ständig hat sie Blasenentzündungen. Im Traum aber darf sie allen zeigen, dass sie das kann.

Das Kind, das mit einem Mal seinen Körper nicht mehr genießen darf wie bisher, muss sich wirklich so fühlen, als sei es völlig falsch am Platz, wie jemand, der mit einer Taucherausrüstung im Gebirge herumspaziert oder mit einer Hockeyrüstung wandern will.

Wenig später träumt die Bacchantin von einer Waschmaschine. In der Trommel auf der schmutzigen Wäsche liegt ihre Mutter und will dort schlafen. „Mami, willst du nicht irgendwohin, wo du dich bequemer ausstrecken kannst?" – „Nein, nein, Kind, es ist gerade richtig hier für mich, es passt schon, so nehme ich niemandem sein Bett weg!"

Als die Bacchantin ein Kind war und – an sich schon sauber – auf einem Urlaub wieder in die Hose machte, zwangen ihre Eltern sie, wieder eine Windel zu tragen. Sie wehrte sich gegen den schamvollen Zwang, sie schrie und strampelte, aber es half nicht.

Später mussten alle ihre Puppen und Plüschtiere Windeln tragen, alle ohne Ausnahme, für ganz lange Zeit. In dem Waschmaschinentraum ist der gewaltsame Einbruch des mütterlichen Sauberkeitsfanatismus in die Welt des Kindes entschärft. Es gibt nicht die gewalttätige Mutter, die das Kind in die Waschmaschine sperrt, nein, das Kind ist die liebevolle Helferin, welche die Mutter aus der Waschmaschine befreien will.

Wenn der Mutter die saubere Wäsche so viel wichtiger ist als meine Freiheit und mein Leben, mag sich das Kind gefragt haben, warum steckt sie dann nicht mich in die Waschmaschine? Dann hat sie mich los, dann bin ich endlich ganz und gar sauber. Dann ist gar nichts Böses mehr an mir, wo doch sonst das Böse immer wieder nachwächst und stärker wird, gerade durch meine unendliche Anstrengung, nur gut zu sein, sauber, rein, brav?

Die Dialektik des Zwanghaften beruht darauf, dass übersteigerte Ideale der Reinheit im Leben dazu führen, sich ständig schmutzig zu fühlen. Im Unbewussten entsteht eine Art Guerilla gegen alle Diktate der Ordnung; das eingeschüchterte Kind, das sich jeder Unreinlichkeit schämt, träumt davon, mit seinen Ausscheidungen ganze Städte zu überschwemmen. Die Unterdrückung aller spontanen Wünsche weckt eine irre Lust am Chaos, die – sobald ihre ersten Vorboten erlebt werden – die Energie der Unterdrückung nur noch steigert.

Aus diesem Grund ist auch die Paradoxie ein gutes Mittel gegen den Zwang. Da er Macht aus dem Versuch gewinnt, ihn zu kontrollieren und durch Willensanstrengung zu überwinden, verliert er auch an Einfluss, sobald die Betroffenen ihn akzeptieren, sich lustvoll zu ihm bekennen, den Vorsatz fassen, ihn noch zu steigern.

Vom Ideal zum Leben

Entweder ich vervollkommne mich von Bild zu Bild, dann ist bei meinem Tode nur *ein* Bild von mir vorhanden, an dem ich nämlich eben vor dem Tode gearbeitet habe, weil alle anderen verbrannt worden sind; oder ich steige rasch empor und male hierauf lauter Meisterwerke ...[13]

In der Erzählung „Nachkommenschaften" schildert Adalbert Stifter einen jungen, reichen Mann, der Maler werden will. Da er nicht von seiner Kunst leben muss, steht es ihm frei, den höchsten Anspruch an sie zu stellen. Er fasst den Vorsatz, von ihm sollte es am Ende seines Lebens nur ein Bild geben, das vollkommen sei. Daher besucht er die verschiedensten Akademien und lernt bei den größten seines Faches. Er vernichtet alle seine Übungen und Vorstudien. Sein Streben ist es, wenigstens ein Bild zu malen, das die ganze Schönheit der Natur ohne jede Abschwächung wiedergibt.

Als er schließlich den Eindruck hat, dass er nichts mehr lernen kann und manche seiner Lehrer bereits übertrifft, beschließt er, sich an sein Lebenswerk zu machen. Zuerst gilt es die geeignete Landschaft zu finden. Es ist ein einsames Moor in einer schönen Hügellandschaft nahe einer Kleinstadt, die von einer stolzen Burg überragt wird. Der Held pachtet ein Grundstück und lässt darauf ein Blockhaus bauen, das sich mit einem großen Fenster auf das Moor öffnet und auch sonst genügend Bequemlichkeiten für einen Junggesellenhaushalt bietet. Er bestellt einen sehr großen Rahmen, der nur zerlegt in die Hütte geschafft werden kann.

Ein ganzes Jahr verbringt der Künstler mit Entwürfen. Er studiert das Moor in allen Verhältnissen von Licht und Schatten, von Wolken und Sonnenschein, von frühlingsgrün über sommergelb bis herbstbunt und winterweiß.

Eines Tages, während er mit einer tragbaren Staffelei eine bestimmte Stimmung der Landschaft einfängt, nähert sich unbemerkt eine Gesellschaft. Sie beobachten seine Kunstfertigkeit. Als einer seine Bewunderung ausdrückt, blickt der Maler ärgerlich um und klappt den Malkasten zu; er hasst es, wenn seine unfertigen Bilder von anderen gesehen werden.

Ein junger Edelmann spottet über diese schamhafte Reaktion; die junge Dame in seiner Begleitung verteidigt den Maler jedoch. Dieser verabschiedet sich höflich und geht. Doch sein Interesse an der Frau, die ihn in Schutz genommen hat, ist erwacht. Durch ein Fernglas beobachtet er, dass sie an schönen Tagen einen Spaziergang durch „seine" Landschaft macht. Er richtet es so ein, dass er sie dort immer trifft, er grüßt sie, sie erwidert den Gruß, sonst geschieht nichts.

Parallel zu diesem Erzählstrang lernt der Held einen älteren Mann kennen, der sich ihm mit dem Namen Roderer vorstellt. Er trägt denselben Namen, verschweigt ihn aber, und erfährt auch, dass die schöne Susanne, die er auf seinen Spaziergängen trifft, die von vielen adligen Freiern umworbene Tochter dieses Roderer sei.

Als der ältere Mann von dem Vorsatz des jungen erfährt, nickt er. Er kenne diese Leidenschaft aus seinem eigenen Erleben, und es gehöre zur Eigenart seiner Familie, mit höchster Energie etwas ganz Bestimmtes werden zu wollen, jedoch gerade in diesem Streben niemals Ruhe zu finden.

Ihr Leben nehme immer eine Wendung und entwickle seine innersten Ziele gerade nicht dort, wo sie mit höchstem Wollen verwirklicht werden sollten, sondern in ganz anderer Richtung und an einem völlig anderen, von ihnen gar nicht angestrebten Ort.

Er habe als junger Mann unbedingt das größte, mächtigste, fesselndste tragische Schauspiel verfassen wollen, das je auf eine Bühne gekommen sei. Er habe studiert, entworfen, diskutiert, sich in die entlegensten Wissensgebiete vertieft und doch nie ein Stück fertig geschrieben. Irgendwann habe er ein Landgut ererbt und in der zuerst ganz unerwünschten Beschäftigung mit Feldern, Saat und Ernte seine wahre Bestimmung entdeckt. Der junge Roderer hält diese Geschichten für Aberglauben.

Die junge Frau hat der Maler nicht kalt gelassen, der ihr jedes Mal bei ihrem Spazierweg entgegenkommt. Sie beginnt, bald eine Stunde früher, bald eine Stunde später aufzubrechen. Da er sie mit Hilfe seines Fernrohres beobachten kann, begegnet er ihr auch jetzt. Sie sprechen sich an, seine Zuneigung wird erwidert. Es stellt sich heraus, dass sie eine entfernte Verwandte ist.

Mit der Geliebten eine Familie zu gründen, bestimmt jetzt die Zukunftspläne des Helden. Er hält um ihre Hand an und es klärt sich auf, dass er tatsächlich von einem für verschollen gehaltenen Zweig des Geschlechts der Roderer kommt.

Seine Verlobte ist die einzige, der er sein vollendetes Bild des Moores zeigt. Sie sagt, es übertreffe alle Gemälde bei weitem, die sie jemals gesehen habe. Wenn es aber nicht groß genug sei für seine Gedanken, dann sei es auch richtig, es zu vernichten und den Versuch zu beenden, die Schönheit der Natur mit Hilfe der Malerei festzuhalten. So zerhackt der Maler sein Werk, verbrennt es und heiratet in einem großen Familienfest Susanne.

Diese Erzählung spiegelt das Problem der Verbindung von Anspruch und Begabung, auf der jede Entwicklung menschlicher Fähigkeiten beruht. Ohne Anspruch bleibt die Begabung tot; ohne Begabung der Anspruch leer. In den Fällen schöpferischer Inspiration, in denen Schritte zur Vollendung eines Werkes scheinbar mühelos gelingen, ist dieser Gegensatz aufgehoben. Die Begabung entfaltet sich in genau jenen Formen, welche der Anspruch vorgibt.

Aber so harmonisch verläuft die menschliche Entwicklung seltener, als wir es uns wünschen. Die von Stifter erzählte Geschichte zeigt, wie ein extrem übersteigerter Anspruch immer wieder die Möglichkeiten lähmt, ihn zu verwirklichen. Was mit äußerstem Wollen, mit höchster Leidenschaft gesucht wird, misslingt eben deshalb.

Ein wichtiges Detail in der Geschichte ist die Atmosphäre der Verwöhnung. Der Maler hat mehr Geld, als er je in seinem Leben verzehren kann; er ist nicht darauf angewiesen, sich mit seiner Kunst auf dem Markt zu behaupten, Menschen zu finden, die seine Bilder beurteilen, schätzen, kaufen. Was auf den ersten Blick wie größte Freiheit anmutet und vielleicht den Neid dessen weckt, der sich das Geld für Leinwand und Pinsel vom Essen absparen muss, hat auch Schattenseiten. Das eigene Urteil ist ja nicht unfehlbar. Es muss sich in der Auseinandersetzung mit anderen Urteilen bewähren. Der Maler setzt sein Leben auf Kosten anderer gedankenlos fort, wenn er Skizzen und Bilder vernichtet, die anderen Freude gemacht hätten.

Die Geschichte der „Nachkommenschaften" kann uns lehren, wie sehr das Dranbleiben von Beziehungen bestimmt ist. In seiner Kunst hat sich der Maler völlig isoliert. Es ging ihm allein darum, seine Größenphantasie zu verwirklichen. In ihr zählte nur er, war er Richter und Henker der eigenen Kreativität. Und entsprechend brüchig war seine Motivation, entsprechend schnell kippte ihm das übersteigerte Dranbleiben in den völligen Abbruch.

Was den jungen Maler aus der selbstgewählten Einsamkeit rettet und ihm die Sinnarmut seiner Grandiosität zeigt, ist die Liebesbeziehung zu einer Frau. Aus dem bisher einsamen und unerreichbaren Projekt wird ein gemeinsames Leben, das sein Ziel in sich selbst trägt und sich in die Tradition, in den Familienmythos der Roderer fügt.

Das Marionettentheater

Neben Stifter hat vor allem Heinrich von Kleist die Probleme sehr scharfsinnig erkannt, die durch den Verlust an Gruppenbindungen entstehen müssen. In einer traditionellen Kultur ist das „Dranbleiben" selbstverständlich. Wenn aber das Individuum nur noch sich selbst verwirklicht und über sich reflektiert, kann ihm etwas geschehen, was Kleist in seinem Essay über das Marionettentheater beschreibt:

„Ich badete mich vor etwa drei Jahren mit einem jungen Mann, über dessen Bildung damals eine wunderbare Anmut verbreitet war. Er mochte ungefähr in seinem sechzehnten Jahre stehen, und nur ganz von fern ließen sich, von der Gunst der Frauen herbeigerufen, die ersten Spuren von Eitelkeit erblicken. Es traf sich, dass wir gerade kurz zuvor in Paris den Jüngling gesehen hatten, der sich einen Splitter aus dem Fuße zieht; der Abguss der Statue ist bekannt und befindet sich in den meisten deutschen Sammlungen. Ein Blick, den er in dem Augenblick, da er den Fuß auf den Schemel setzte, um ihn abzutrocknen, in einen großen Spiegel warf, erinnerte ihn daran; er lächelte und sagte mir, welch eine Entdeckung er gemacht habe. In der Tat hatte ich in eben diesem Augenblick dieselbe gemacht; doch sei es, um seiner Eitelkeit ein wenig heilsam zu begegnen: ich lachte und erwiderte – er sähe wohl Geister! Er errötete und hob den Fuß zum zweitenmal, um es mir zu zeigen; doch der Versuch, wie sich leicht hätte voraussehen lassen, missglückte. Er hob verwirrt den Fuß zum dritten und vierten, er hob ihn wohl noch zehnmal: umsonst! Er war außerstand, dieselbe Bewegung wieder hervorzubringen – was sag ich? Die Bewegungen, die er machte, hatten ein so komisches Element, dass ich Mühe hatte, das Gelächter zurückzuhalten. – Von diesem Tage, gleichsam von diesem Augenblick an, ging eine unbegreifliche Veränderung mit dem jungen Menschen vor. Er fing an, tagelang vor dem Spiegel zu stehen; und immer ein Reiz nach dem anderen verließ ihn. Eine unsichtbare und unbegreifliche Gewalt schien sich wie ein eisernes Netz um das freie Spiel seiner Gebärden zu legen, und als ein Jahr verflossen war, war keine Spur mehr von der Lieblichkeit in ihm zu entdecken, die die Augen der Menschen sonst, die ihn umringten, ergötzt hatte."[14]

Der Heranwachsende gerät in eine narzisstische Krise, die Kleist sensibel beschrieben hat. Der Dichter deutet aber nur an, wie sehr der Freund zu dieser Krise beiträgt. Der Erzähler hat durchaus gesehen, dass der Adonis tatsächlich eine besonders schöne, klassische Bewegung vollzogen hat. Aber er verweigert die gewünschte Bestätigung. Der Spiegel aus Glas hat nicht gelogen, aber der menschliche Spiegel lügt – und diese Lüge kann keine Übung vor dem gläsernen Spiegel gutmachen.

In der Antike, deren Kunst aufgegriffen und idealisiert wird, gab es keine Spiegel, in denen sich ein schöner jungen Mann nach dem Bade beobachten konnte. Die jungen Männer bewegten sich in Sport und Tanz mit anderen; sie wurden nicht nach ihrer persönlichen Grazie beurteilt und beurteilten sich auch selbst nicht danach.

Der ältere Freund verhält sich in einer Weise sadistisch, die nur scheinbar harmlos ist. Er entwertet die Entdeckung und spottet, als dem Opfer die Reproduktion der spontanen Geste misslingt. Das Erröten des Jünglings verrät, dass er in eine Scham-Falle geraten ist. Seine Unfähigkeit, die Tücke und Rivalität im Verhalten des „Freundes" zu erkennen, sein Versuch, der eigenen Erfahrung zum Trotz zu beweisen, dass er

Grazie auch maschinenmäßig herstellen kann, machen ihn zum Opfer einer Situation, die er nicht durchschaut. Sie beweist freilich auch nicht, was Kleist uns beweisen will: dass die Absicht immer zu einem Verlust an Sicherheit, Schnelligkeit, Schönheit und Treffsicherheit führen muss.

So einfach ist das nicht. Die Absicht führt zwar keineswegs verlässlich zum Ziel, die unbewusste Absichtslosigkeit aber ebenso wenig. Es gibt eben keine perfekten Lösungen, sondern nur Annäherungen – aus eben diesem Grund ist das Dranbleiben so wichtig. Den professionellen Schauspieler erkennt man vor allem daran, dass er eine Szene wiederholen kann, ohne dass sein Ausdruck dies verrät. Nicht das Bewusstsein, sondern die Entwertung stören die Schönheit der Bewegung.

Der gedemütigte Held in unserer Szene zeigt eine Störung des Dranbleibens durch die bewusste Absicht und die Unterwerfung gegenüber einem fremden Urteil. Bliebe der junge Mann bei seinen ursprünglichen Gefühlen, seiner Entspannung nach dem Bad, seinem Genuss der Anmut seiner Bewegung, dann würde er die Geste nicht wiederholen, wozu auch? Was ist, muss man nicht beweisen; wer an sich glaubt, muss niemanden zu sich bekehren.

Aber der Eingriff von außen weckt Ehrgeiz, mobilisiert Angst, zu versagen. Der schöne Jüngling hatte sich selbst gesehen und an sich geglaubt, aber da der Freund sagte, er habe ein Gespenst erblickt, und er sich nicht gegen diese Äußerung wehren konnte, wurde er zu dem Gespenst seiner selbst.

Kleist deutet die Lösung des Problem nur an. Er gebraucht den Vergleich mit dem Paradies, dessen Eingang verschlossen ist, vom Cherub bewacht: Der aus ihm vertriebene Mensch könne vielleicht auf einem langen Weg um die Erde herum einen Hintereingang finden.

In der Tat zeigt die psychologische und therapeutische Auseinandersetzung mit der beschriebenen Störung, dass es hilfreich ist zu üben, freilich in einer Weise, in der die Verkrampfung durch den Wunsch nach einem allzu schnellen Erfolg nicht geweckt wird.

Die mangelnde Spiegelung durch den älteren Freund hat den jungen Adonis in seinem Selbstgefühl gekränkt. Solange er nun glaubt, ohne Auseinandersetzung mit dieser Kränkung einfach die Scharte auswetzen zu können, kann er nicht entspannt agieren. Er war bei der ersten Bewegung entspannt, weil er nichts beweisen wollte. Jetzt muss er etwas beweisen, sein Selbstgefühl steht auf dem Spiel – kann er oder kann er nicht, ist er mächtig oder ohnmächtig? Angst vor dem Versagen setzt ein.

Eine kleine Angstspannung beflügelt, sie weckt alle Kräfte und regt das Ich an, eine Aufgabe zu bewältigen. Aber eine große Angstspannung lähmt, alle Einfälle verschwinden, die oder der Geängstigte werden dumm und ungeschickt. Sie machen Fehler, die ihnen vor der Prüfung nie passiert sind und nach ihr nie wieder passieren werden. In dieser Situation ist es sinnlos, weiter zu üben, sich weiter anzustrengen – erst muss sich die Angst beruhigen, dann hat ein neuer Versuch wieder einen Sinn.

Wer also durch eine Kränkung seine Fähigkeit zum Dranbleiben verloren hat, der kann sie nicht einfach durch gesteigerte Anstrengung wiederfinden. Er muss den Umweg zulassen und geduldig nach den Einflüssen suchen, die ihn abgelenkt haben. Dann kann er aus ihnen vielleicht sogar zusätzliche Kraft gewinnen. Kleist mag das geahnt haben, als er sein Bild von der Suche nach dem Hintereingang in das verlorene Paradies prägte.

Der Gedanke, dass wir manchmal nur auf einem Umweg zu dem Ziel kommen, das vor uns zu liegen scheint und scheinbar nur noch nach einer noch größeren Anstrengung verlangt, begegnet uns beim Thema des Dranbleibens immer wieder. Er bezeichnet den Beginn einer Kultur der Reflexion, für den in der europäischen Tradition Herodot und Sokrates stehen.

Herodot, der „Vater der Geschichtsschreibung", um 480 vor Christus in Halikarnass im Südwesten der heutigen Türkei geboren, hat vielleicht als erster die Möglichkeit eröffnet, kritisch über Wertvorstellungen unterschiedlicher Völker nachzudenken. Vor ihm und vielerorts noch lange nach ihm ist jede Kultur überzeugt, dass ihre eigenen Werte die einzig richtigen seien. Herodot aber sagt, dass unterschiedliche Völker auch unterschiedliche Sitten und Bräuche haben, jede Nation aber überzeugt sei, die ihren seien die einzig „menschlichen".

Sokrates begründet die philosophische Reflexion – das Nachdenken über die Grenzen des eigenen Wissens. „Ich weiß, dass ich nichts weiß" ist einer der Merksätze der Philosophiegeschichte, in denen das Paradox dazu dient, einer Wahrheit näherzukommen, die von voreiligen Gewissheiten verdeckt ist.

Dieser Schritt in der kulturellen Evolution hängt mit der Anpassung des Menschen an die neue Umwelt der Stadt und des Handels zwischen Städten und Häfen zusammen. Während Ackerbauern und Hirten sich die meiste Zeit ihres Lebens mit der Natur auseinander setzen und ihr das Lebensnotwendige abgewinnen müssen, erfordert der Handel ebenso wie das städtische Leben eine gesteigerte Konzentration auf den Menschen. Er ist die wichtigste Ressource. Ihn zu beeinflussen, zu berechnen, zu beherrschen sind zentrale Fähigkeiten jedes Kaufmanns, wobei an den Küsten des Mittelmeers die Kenntnis einer einzigen Sprache und Kultur nicht mehr ausreichte, um erfolgreich zu sein.

Die meiste Zeit der mehrere Millionen Jahre dauernden Evolution zum *Homo sapiens* war die Natur der Gegenspieler des Menschen. Er blickte auf Pflanzen und Tiere, nicht in den Spiegel, der doch auch für das Bild stehen kann, das unsere Bezugspersonen von uns haben. Je stärker unser Leben von Städten und Handel beeinflusst wurde, desto ausgeprägter waren auch die Spiegelerlebnisse, desto wichtiger wurde es, Scham und Schuld als Grundaffekte zu erkennen, die unsere Entwicklung ebenso stören wie lenken können. In Kleists Szene blickt der junge Mann zuerst in den Spiegel und dann auf den älteren Freund. Er kann beide Bilder nicht zur Übereinstimmung bringen. Das kränkt und verwirrt ihn, er wird in seiner Entwicklung blockiert.

Durch die Verarbeitung der Scham- und Schuldaffekte, die sich aus Spiegel-Erfahrungen im Gegenüber zu unserer sozialen Umwelt ergeben, ist den Menschen der Moderne das Dranbleiben bereits zu einer Zeit erschwert, in der die Ablenkungsmöglichkeiten noch erheblich geringer sind als heute.

Wenn zwei Bauern oder Hirten rivalisieren, lässt sich die Überlegenheit des einen schnell an der Größe der Ernte oder der Herde feststellen. Bürgerliche Rivalität hingegen ist Rivalität um Aufmerksamkeit, um Zustimmung, um Bewunderung. In den meisten Leistungen, bei denen unser Dranbleiben gefordert ist, spielen solche Unwägbarkeiten eine wichtige Rolle. Obwohl wir sie oft nicht (oder nur wenig) verändern können, beeinflussen sie uns enorm. Seit der Jäger der Altsteinzeit die Fährte seiner Beute verfolgte, ist es sehr viel schwieriger geworden, auf dem Weg zu einem Ziel zu bleiben, ohne durch hastige Seitenblicke, was andere tun und wie, abgelenkt zu werden oder gar ins Stolpern zu kommen.

Jeder der Philosophen und Dichter des 19. Jahrhunderts rang mit den wachsenden sozialen und psychischen Problemen durch die Freisetzung und Individualisierung der Menschen. Entscheidende Kategorien waren das persönliche Gewissen (Kant), das Mitleid (Schopenhauer) und der Wille zur Macht (Nietzsche). Die letzte Kategorie wurde im Faschismus und Nationalsozialismus übernommen und absolut gesetzt. Der Wille eines mächtigen Führers allein kann danach die Realität neu gestalten und ein Volk zum Triumph über andere Völker führen. In der Mitleidlosigkeit und hohen Destruktivität dieser Ideologie werden auch die Gefahren eines Machtwillens deutlich, der sich selbst absolut setzt.

Ein mit diesem Willen ausgerüsteter Mensch wird die mitleidlose Verletzung anderer und die eigene Zerstörung in Kauf nehmen, um sich durchzusetzen. Zunächst erweist er sich dadurch allen Personen überlegen, die sich von Mitleid (auch mit einem Mitleidlosen) bewegen lassen. Sie handeln nach dem Motto vom Klügeren, der nachgibt.

Harmlose Machtkämpfe lassen sich so vielleicht entschärfen. Aber wenn tatsächlich der Destruktivere auf diese Weise mehr Macht gewinnt, handelt der Nachgiebige nicht klug, sondern verantwortungslos.

Wenn nicht der Wille und auch nicht die absichtslose Intuition unser Dranbleiben garantieren – wie können wir dann zu ihm finden? Es ist vielleicht deutlich geworden, dass es sich hier nicht um ein Prinzip und einen (goldenen) Mittelweg handelt, sondern um Bewegung, um die bewusste Steuerung unterschiedlicher Kräfte in unterschiedlichen Situationen.

5. Kapitel
Das Gesetz der Reife

Wo Bewegung stattfindet, geht sie eigentlich immer auch zu weit. Erinnern wir uns an das Erlernen des Autofahrens, wo wir eine gerade Linie dadurch herzustellen lernten, dass wir die ursprüngliche Schlangenlinie immer weiter abflachten! Der „richtige" Kurs war uns nicht gegeben; aber wir näherten uns ihm, indem wir die beiden Fehler – auf die Gegenfahrbahn oder in den Straßengraben zu geraten – gleichmäßig vermieden.

Nach einiger Übung macht uns das nur noch ausnahmsweise Probleme – etwa im Nebel oder auf rutschiger Fahrbahn. Das hängt auch damit zusammen, dass wir gelernt haben, uns einzuschätzen: Wenn wir versuchen würden, wie ein Rennfahrer zu beschleunigen, würden wir der sonst längst überwundenen Schlangenlinie erneut begegnen.

Die Reifung der menschlichen Bewegungsfähigkeit hängt in vieler Hinsicht von der Hemmung überschießender, fehlerhafter Bewegungen ab. Wir lernen nicht, aus einem Zustand der Ruhe und Entspannung heraus die eine, richtige, zweckmäßige Bewegung zu machen, sondern wir lernen, das Überflüssige wegzulassen. Wenn ein Baby beginnt, gezielt nach seiner Rassel zu greifen, ist das in erster Linie ein Prozess der Unterdrückung all jener Bewegungen, die nicht zu der Rassel führen. Wenn ein kleines Kind sprechen lernt, heißt das auch, dass es die bizarre Vielfalt der möglichen Laute auf die wenigen Vokale und Konsonanten reduziert, die für eine verständliche Artikulation notwendig sind.

In der Kunstgeschichte gibt es die elementare Unterscheidung zwischen den Künsten, die durch Wegnehmen arbeiten, und jenen, in denen etwas hinzugefügt wird. Sie ist von Michelangelo eingeführt worden. Diese Lehre der Renaissance hängt auch mit dem damals herrschenden, neuplatonischen Denken zusammen. Ein Bildhauer erarbeitet sein Werk durch Wegmeißeln alles Materials, das die erwünschte Gestalt in sich „begraben" hat. Sein Geist verhilft ihr zur Auferstehung.[15]

Das Menschenkind ist ein Bündel dynamischer Gesten, es greift in der Motorik wie im Ausdruck von Gefühlen oder in der Produktion von Zisch- und Brummlauten, Geschrei und Geplärr nach der Welt. Seine Fähigkeit, sich geordnet zu bewegen, gewinnt es aus der Hemmung des motorischen Chaos, die nur die eine, die richtige Geste übrig lässt. Das verständliche Wort wird aus einem Lautchaos gemeißelt wie die Statue aus dem Marmorblock.

Im Seelischen erfüllt vielleicht die Größenphantasie eine ähnliche Aufgabe. Das Kind traut sich alles zu und ist ebenso rasch entmutigt. Je reifer es wird, desto kritischer kann es sich einschätzen und desto ausdauernder kann es Widerstände überwinden. Ohne diese primäre Grandiosität würden wir als Heranwachsende nie ausziehen, die Welt zu erobern. Aber wenn wir sie nicht differenzieren und durch reale Erfahrungen stützen können, wird sie dazu führen, dass wir schließlich meinen, überall gescheitert zu sein, weil wir nicht überall siegen konnten.

Wer sich selbst oder die Rückmeldung seiner Umwelt überschätzt, kann den mittleren Kurs so wenig halten wie der Ängstliche, der jeder Herausforderung aus dem Weg geht. Menschliche Bewegung ist in einem zentralen Sinn auch immer Bewegung zu anderen Personen hin. Auch hier erleidet Rückschläge, wer zu hastig vorgeht, bleibt zurück, wer sich nicht auf den Weg machen und etwas riskieren will.

Der selbstunsichere Mann, der noch nie eine Frau erobert hat, ist oft auch der, welcher die erste Frau, die ihm zuhört, mit Heiratsplänen überrascht. Die perfekte Mutter, die alles für ihr Kind tun will, ist oft auch die, welche dieses irgendwann anschreit: „Du bist der Nagel zu meinem Sarg!"

Nicht nur den, der zu spät kommt, bestraft das Schicksal, sondern auch den, der zu viel Druck ausübt, weil er zu gierig ist. Ich muss angesichts dieser Problematik immer wieder an eine kleine Szene denken, die ich vor vielen Jahren erlebt habe. Wir waren die Nacht hindurch gefahren, um die Fähre zu erreichen, die uns für zwei Urlaubswochen nach Elba bringen sollte. Unsere dreijährige Tochter war sehr durstig. Wir gingen zur Bar des Schiffes, ich bestellte einen Obstsaft und händigte Anna den Plastikbecher aus. Sie fasste so energisch danach, dass sie ihn in ihren kleinen Fäusten zerquetschte und der klebrige Inhalt sich über uns beide ergoss.

In einem Dokument der deutschen Geschichte, der Chronik der Herren von Zimmern, wird eine Szene berichtet, in der ein Vater seinen kleinen Sohn dazu bewegt, unermüdlich mit ihm zwei Stunden zur Kirche zu gehen. Er nimmt ein hölzernes Spielzeug mit und wirft es immer zwanzig Schritt nach vorne. Das Kind läuft dem Wurf nach und vergisst darüber seine müden Beine.

Diese Szene bietet ein elementares Beispiel für den Prozess, in dem wir uns ein Ziel setzen. Wir entnehmen unsere Ziele dem Arsenal unserer primären Größenphantasie. Sie werden uns aber nur dann führen können, wenn wir sie nicht außerhalb unserer Reichweite verankern. In einem bestimmten Zustand seelischer Störung, der Manie (vom griechischen *mainein*, rasen, daher auch das Wort Mänade/Mainade) werden die Betroffenen von einer rasanten Folge unerreichbarer Ziele zu hektischen Anstrengungen bewegt. Sie verschwenden ihr Vermögen, knüpfen wahllos Beziehungen an, reden pausenlos und geraten vom Hundersten ins Tausendste.

Unser Selbstgefühl trägt unser Leben am besten, wenn wir der Manie ebensogut entgehen wie der Depression, wenn wir die Größenphantasie geradeso gut kritisieren wie den Minderwertigkeitsgedanken. Aber auch hier ist es nicht leicht, beide Extreme zu vermeiden, ohne bald zu wagemutig, bald zu zaghaft zu sein. Die beglückenden Gefühle, wenn sich der Widerspruch zwischen idealem und realem seelischen Tempo auflöst und wir uns geistig im Einklang mit der Welt bewegen, hat Nietzsche als Inspiration beschrieben. Für ihn bindet sie sich stark an die Entstehung seines Werkes „Also sprach Zarathustra".

„Mit dem geringsten Rest von Aberglauben in sich würde man in der Tat die Vorstellung, bloß Inkarnation, bloß Mundstück, bloß Medium übermächtiger Gewalten zu sein, kaum abzuweisen wissen. Der Begriff Offenbarung, in dem Sinn, dass plötzlich, mit unsäglicher Sicherheit und Feinheit, etwas sichtbar, hörbar wird, etwas, das einen im Tiefsten erschüttert und umwirft, beschreibt einfach den Tatbestand ... Man hört, man sucht nicht; man nimmt, man fragt nicht, wer da gibt; wie ein Blitz leuchtet ein Gedanke auf, mit Notwendigkeit, in der Form ohne Zögern – ich habe nie eine Wahl gehabt ... Alles geschieht im höchsten Grade unfreiwillig, aber wie in einem Sturme von

Freiheits-Gefühl, von Unbedingtsein, von Macht. Die Unfrei-
willigkeit des Bildes, des Gleichnisses ist das Merkwürdigste;
man hat keinen Begriff mehr, was Bild, was Gleichnis ist, alles
bietet sich als der nächste, der richtigste, der einfachste Ausdruck."[16]

Psychologen sprechen vom Flow, dem Gefühl einer fließen-
den Bewegung, in der sich die einzelnen Kräfte wohltuend mischen, die wir in einem Konflikt oder angesichts einer neuen
Situation erst einmal ordnen und in ihren gegenseitigen Beziehungen einschätzen müssen. Nietzsches Inspiration mag sich
dem manischen Pol nähern, sie verdeutlicht jedoch, dass bewusste Absicht und willkürliche Kontrolle nur Komponenten
in einem Prozess sind. Sie müssen sich sozusagen in ihm auflösen, um ein Höchstmaß an schöpferischer Kraft zu entfalten.

Der Flow ist nicht an hohe Leistungen, an ein geniales Werk
gebunden. Er ist eine zentrale Qualität jeder stabilen menschlichen Tätigkeit, in der die Kraft der eigenen Bewegung – der
körperlichen wie der geistigen – zwischen den angelegten
Ufern zu dem richtigen Ziel fließt.

Als angehender Segler habe ich mich einmal mit dem Phänomen des Gleitens beschäftigt, das die Flow-Qualität verdeutlichen kann. Bestimmte Boote sind so geschnitten, dass bei einem bestimmten Tempo nur noch ein kleiner Teil des Rumpfes
eintaucht; damit verringert sich schlagartig der Wasserwider-
stand, und die Geschwindigkeit steigt. Bei Motorbooten lässt
sich das durch die Verbindung von geringem Gewicht und starker Leistung erreichen; bei einem Segelboot braucht es Wind
und Geschick, um durch das Flowerlebnis belohnt zu werden.

Im Flow sinkt der innere Widerstand gegen eine Bewegung;
die Energie, die sonst für Kontrolle, Kritik, Nachprüfung, Bedenken, Ängste, Zweifel verwendet wird, fließt in die Bewegung

selbst. Sie erreicht jetzt mit geringstem Aufwand an Kraft ein Maximum an Ergebnis.

Wer Menschen untersucht, die lange in einem anspruchsvollen Beruf gearbeitet haben und diesen immer noch gerne ausüben, kommt fast regelmäßig zu dem Ergebnis, dass die Fähigkeit zu solchen „Inspirationen" einen wesentlichen Beitrag dazu leistet. Der Anfänger muss sich selbst vielleicht noch überreden, bei der Stange zu bleiben. Er vergeudet viel Energie damit, sich selbst zu beweisen, mit anderen zu rivalisieren, sich selbst zu loben oder zu tadeln.

Wer professionell arbeitet, richtet alle Energie auf sein Ziel und erreicht es mit möglichst wenig Reibungsverlusten. Er sucht immer nach der möglichst eleganten Lösung in dem Sinn, dass mit geringstem Aufwand ein möglichst gutes Ergebnis erreicht wird. Insofern gleicht er auch dem Bären, der in Kleists bereits zitiertem Aufsatz über das Marionettentheater als meisterhafter Fechter dargestellt wird: Er pariert nur dann, wenn es notwendig ist; auf Finten reagiert er überhaupt nicht.[17]

Im Flow wird das Dranbleiben sozusagen paradox: Indem keinerlei Mühe aufgewendet wird, es zu leisten, geschieht es.

Wir machen uns selten klar, dass der Prozess, in dem ein Mensch zu seiner Identität findet, immer darauf beruht, dass wir uns von Überflüssigem trennen und aus einer Vielzahl von Möglichkeiten die richtigen auswählen. Auch die Entwicklung komplexer menschlicher Fertigkeiten beruht häufig auf dem Prinzip des Wegnehmens oder Weglassens. Der richtige Rat, die richtige Lösung in einer schwierigen Situation ist sehr häufig nicht dadurch auffindbar, dass man sofort eine Antwort weiß; es geht viel öfter darum, voreilige, falsche Lösungsversuche (die das Problem verstärken) wegzulassen.

Diese Problematik ist durch verschiedene, oft paradoxe Metaphern formuliert worden, seit es große Denker gibt, angefangen von Sokrates: „Ich weiß, dass ich nichts weiß", bis zu der „*negative capability*", der Fähigkeit zur Nicht-Kompetenz des Analytikers Wilfrid Bion.

Anfängern, die stolz auf ihre Kraftreserven sind, entgeht oft die elegante Lösung, die mit dem kleinsten Aufwand am meisten erreicht. Sie haben Kraft zu verschwenden, also verschwenden sie auch Kraft. Der Profi schont seine Ressourcen und kann auch andere dazu bringen, das Beste aus ihren Potenzialen zu machen.

Die Konsumgesellschaft verführt zur Verschwendung und zu kurzsichtigen Lösungen. Durch den scheinbaren Überschuss an Energie werden überflüssige Bequemlichkeiten angeboten und setzen sich auf dem Markt durch. Ein Beispiel sind Uhren, die unsere alltägliche Zeitmessung komfortabel erledigen, aber kostspielige und giftige Batterien benötigen, die entsorgt werden müssen. Verglichen mit ihnen sind Uhren, die sich zum Beispiel durch die Bewegung des Arms selbst aufziehen, nachhaltig wirtschaftlicher.

Viele „primitive" Gesellschaften konnten weit eleganter mit Umweltproblemen umgehen. Die weißen Büffeljäger in Nordamerika verwerteten beispielsweise nur einen Bruchteil der Beutetiere. Die Prärieindianer hingegen gingen so umsichtig zu Werk, dass kaum etwas vergeudet wurde. Ein weißer Jäger wird den Eisbären, den er erbeuten will, sofort erschießen und dann den Transport organisieren. Ein Eskimo würde das Tier zu einem Flusslauf treiben und erst dort erlegen, um die Beute bequem abtransportieren zu können.

Ökonomie und Eleganz der Reife

Der oft extrem unökonomische Kraftaufwand Jugendlicher resultiert daraus, dass sie in jeder Situation ihre Überlegenheit oder doch wenigstens Kampftüchtigkeit beweisen „müssen". Wenn der Entwicklungsprozess ungestört stattfinden kann, führt er dazu, dass Rivalität nicht mehr blindlings gesucht wird, sondern ihr die Überlegung vorausgeht, ob sich der Einsatz für das angestrebte Ziel auch lohnt. Der reife Mensch lässt sich durch das Angebot, zwischendurch schnell seine Überlegenheit zu beweisen, nicht mehr so leicht von seinem Ziel ablenken.

Nicht das kalendarische Alter, sondern die seelische Reife bestimmt die Fähigkeit, Führung zu übernehmen und Kräfte zu bündeln. Wer das in seinem eigenen Leben gelernt hat, wird auch eine Gruppe dazu bringen können, Kraft nicht zu vergeuden, keine Machtkämpfe um des Machtkampfs willen zu führen, Ressourcen zu erkennen und auszuschöpfen, Reibungsverluste zu vermeiden.

Problematisch wird der Begriff der Reife jedoch, wenn er mit einer Werthaltung legiert ist, die das Kindliche in der menschlichen Existenz abqualifiziert, Kreativität, Sehnsucht und Phantasie aus dem Bild des reifen Menschen ausgrenzt. Wir müssen zwischen einem reifen Menschen und einem Normopathen unterscheiden, der sich selbst funktionalisiert.

Der Begriff des Normopathen wurde in den sechziger Jahren analog zum Begriff des Psychopathen geprägt. Während der Psychopath seine Mitmenschen durch seine mangelnde Anpassungsfähigkeit belastet und stört, tut der Normopath dasselbe durch seine übersteigerte Anpassung, in der Abenteuer und Emotion keinen Platz mehr haben. Er ist solide, aber langweilig, in seiner Gegenwart verlieren Kinder die Lust zu spielen und Erwachsene den Spaß am Flirt. Ohne Orientierung an Normen, ohne Ausbildung der inneren Strukturen von Über-Ich und Ich-Ideal ist das Dranbleiben nicht steuerbar; ohne Kontakt zu den Tiefenschichten, zu den Trieben, zum Spiel und zur Wunschproduktion erstarrt es zur Normerfüllung.

Wer schonend mit seinen Ressourcen umgeht, wird die Vielfalt der Gefühle und die Fähigkeit zu einer belebenden Rückkehr in frühere Seelenzustände nicht aus seinem Erleben verbannen. Er wird versuchen, möglichst viel kindliche Merkmale zu erhalten und ihnen jene Plätze zuzuweisen, in denen sie segensreich wirken können – das Spiel, die Kreativität, die Entspannung, die Erotik.[18]

Reife als genauere, sparsamere, mühelosere Zielfindung und Ressourcennutzung ist das Zentrum aller positiven Entwicklungen unserer Psyche. Hier können unsere Fähigkeiten oft auch dann noch zunehmen, wenn wir oder andere angefangen haben, uns des Altersabbaus zu verdächtigen.

An dieser Stelle liegt die Frage nahe, ob es denn einen inhaltlichen Unterschied zwischen der Reife und dem Dranbleiben gibt. Wie das Dranbleiben hier aufgefasst ist, entspricht es einem reifen Realitätsbezug: Wer dranbleibt, wendet sich mit seinen ganzen Kräften der Wirklichkeit zu und versucht möglichst realistisch einzuschätzen, was er an ihr verändern kann, was er annehmen kann oder auch mit innerem Protest aushalten muss.

Diese inhaltliche Verwandtschaft der Reife mit dem Dranbleiben hängt damit zusammen, dass hier beide prozesshaft definiert werden: Es gibt keine definitive Garantie, keinen stabilen Idealzustand, sondern nur die Aufmerksamkeit für ein dynamisches Geschehen, das Kräfte in uns und Ziele vor uns verbindet.

Ebenso eng wie mit der Reife ist das Dranbleiben mit Professionalität verwandt. Professionelles Handeln strebt nach einer kreativen Anwendung vorhandenen Wissens und Könnens, durch das Aufgaben möglichst ökonomisch durchgeführt werden können. Daher ist Professionalität weit mehr als das Handeln nach theoretischen Prinzipien, etwa des Rechts oder der Medizin. Gute Anwälte und gute Kliniker erkennt man daran, dass sie ihr theoretisches Wissen nicht schematisch umsetzen, sondern auf die vorhandene Situation derart abstimmen, dass mit dem geringsten Aufwand das optimale Ergebnis erzielt wird.

Den professionellen Künstler unterscheidet vom Amateur vielleicht noch mehr als das reine Talent die Geduld, mit der er sich Schritt für Schritt an sein Werk heranarbeitet. Amateure müssen schnell fertig werden. Ihnen ist der Eindruck des Gelingens sehr wichtig. Sie brauchen ihn, um ihren Mut nicht einzubüßen. Das Bild muss bis zum Abend fertig gemalt sein, das ganze Buch ist schon im Kopf, das Musikstück wird gleich ganz gespielt. Langsam, planmäßig, systematisch an etwas heranzugehen gehört in den Kontext der Professionalität. Schritt für Schritt arbeiten, die eigenen Kräfte nicht überfordern, immer das Beste aus den vorhandenen Materialien und Möglichkeiten herausholen, nichts vergeuden, nicht den Erfolg des Ganzen durch eine hastige Nachlässigkeit gefährden.

Keine Ausbildung kann garantieren, dass alles funktioniert wie gelernt. Sie liefert Mittel, eigene Erfahrungen zu interpretieren und zu ordnen. So formt sich der Profi in einem von ihm mitgestalteten Feld, in dem seine eigenen Handlungen und ihre Folgen zu seiner wichtigsten Orientierung werden. Er lernt es immer besser, solche Prozesse auszuwerten und mit dem Wissen zu verbinden, das er während seiner Ausbildung von seinen Lehrern und später von seinen Mitarbeitern und Kollegen erwerben kann.

Dieser Situationsbezug und die Haltung, dass sich an den eigenen Aktionen immer etwas verbessern lässt, führen dazu, dass der Profi vor dem Ausbrennen seiner Kreativität und Motivation geschützt bleibt. Er wartet nicht auf Anerkennung von außen, sondern versucht, sein eigenes Arbeitsfeld so zu beherrschen, dass er sich in ihm entwickeln kann.

Wer jeden Tag etwas hinzulernen, Ressourcen besser ausnützen, schonender mit seiner Kraft umgehen lernt, kann erheblich länger zufrieden arbeiten. Gefährlich ist es hingegen, sich in fremdem Auftrag völlig zu verausgaben und dann zu hoffen, dass die Vorgesetzten diese Anstrengung würdigen und belohnen werden.

6. Kapitel
Die Grenze und die Freiheit

Meist klärt sich erst in einem längeren Prozess, ob eine Entscheidung richtig oder falsch ist. Dranbleiben ist sinnvoll, kleben bleiben nicht, und beides lässt sich häufig nicht sofort unterscheiden. Jeder von uns muss herausfinden, ob er im Zweifelsfall loslässt, ehe er kleben bleibt. In beiden Fällen hilft uns eine genaue Prüfung der Realität und ein Abstand von unseren Größenphantasien und narzisstischen Sehnsüchten. Diese lassen uns entweder das Aussichtslose festhalten – „es wäre doch gelacht, wenn ich das nicht schließlich doch noch schaffen würde" – oder aber das Erreichbare zu früh opfern, weil wir kleine Schritte nicht annehmen können.

Ein Dranbleiben aufgrund einer Art Schwerkraft, einer Beharrung, die sich daraus speist, dass schon sehr viel Energie in ein sinnloses Unternehmen gesteckt wurde, lässt sich als der Rhein-Main-Donaukanal-Effekt beschreiben. Dieser Kanal ist nicht nur ökologisch, sondern auch wirtschaftlich unsinnig. Er wird wohl, so lange er betrieben wird, Verluste machen. Er wurde fertig gebaut, weil schon so viel Beton vergossen war, dass die Verantwortlichen das beschämende Eingeständnis scheuten, sie hätten sich verschätzt.

Paradoxerweise ist die Unfähigkeit, sich zu trennen, eng mit Problemen beim Dranbleiben verwandt. Wer flieht, ehe er sich auf etwas eingelassen hat, der kann auch den Ängsten entgehen, nicht mehr fortzukönnen, wenn sich eine Entscheidung als falsch erweist. „Ich habe mich nie für ein Kind entscheiden können", sagt eine depressive Patientin. „Ich wusste ja nie, ob die Beziehung zu dem Mann wirklich hält. Es war mir wichtig, jederzeit weggehen zu können. Jetzt ist es zu spät, jetzt bin ich zu alt."

An die Grenzen unserer eigenen Möglichkeiten können wir uns nur herantasten. Der Tastsinn, dieser liebevolle Bruder des Schmerzes, vermittelt nur einzelne Eindrücke. Er gibt uns mehr Empfindungen als Wahrnehmungen, wenn wir ihn mit dem „Überblick" vergleichen, den uns die Augen erschließen, mit den Welt der Sprache oder der Musik, die wie im Hören erkennen.

Wie andere Sinne auch, die tief in unsere Entwicklungsgeschichte zurückreichen, ist der Tastsinn elementar und weit verzweigt. Wir können uns mit seiner Hilfe auch dann noch orientieren, wenn wir in stockfinsterer Nacht unseren Weg suchen, wir finden heraus, was uns einengt, wie sich etwas trägt, was uns auslastet und was uns überlastet. So wird der Tastsinn zu der glaubhaftesten Metapher unseres Wissens um die Zukunft. Wir können nicht „hellsehen", wir wissen nicht klar, was kommen wird, aber wir können danach tasten, in uns selbst, in unseren leiblichen Empfindungen oder auch in der Außenwelt.

Viele der Nuancen, die eine Entscheidung über „dranbleiben oder trennen" begründen, können wir nur ertasten. Wenn wir uns daran machen, unser Leben zu gestalten, wissen wir nicht, wie es ausgehen wird. Wir vermuten, wir glauben, wir hoffen, wir werten einzelne Hinweise aus und ergänzen den Rest durch unsere Phantasie.

Um die Grenzen der menschlichen Weisheit nachzuzeichnen, wird in Indien seit langer Zeit die Geschichte von den Blinden erzählt, die einen Elefanten abgetastet haben, jeder an einer anderen Stelle. Nachher sind sie überzeugt, zu wissen, wie der Elefant ist – aber sie widersprechen sich, denn für den einen ist der Elefant wie ein Baum, für den anderen wie ein Fächer, je nachdem, ob sie ein Bein oder ein Ohr ertasteten.

Diese Geschichte betont die prozesshafte Qualität einer gelingenden Orientierung. Die Blinden gehen da in die Irre, wo sie denken, dass der Bereich, den sie unzweifelhaft erkannt haben, der einzige ist, welcher etwas bedeutet. Sie können nicht akzeptieren, dass andere, von ihrer eigenen Wahrnehmung verschiedene Aussagen ebenfalls bedeutungsvoll sind. Sie haften an ihren Eindrücken und machen den richtig ertasteten Teil zu einem falschen Ganzen.

Dranbleiben sollte von diesem Klebenbleiben unterschieden werden. Zu ihm gehört jenes Stück Abstand, das Spiel-Raum für eine schöpferische Entwicklung bietet, das lehrt, nicht voreilig ein Urteil zu fällen oder einen Prozess für abgeschlossen zu halten.

Um als (erwachsener) Mensch in einer individualisierten Kultur zu bestehen, ist es nötig, sich durchzusetzen und eigene Kreativität zu entwickeln. Das lässt sich durch Anpassung, durch Gehorsam gegenüber eine äußeren Norm nicht bewältigen.

Kreativität ist eine menschliche Qualität, für die es keinen Ersatz gibt. Wir können sie auch nicht machen und kontrollieren – denn dann entwickelt sich jene paradoxe Situation, in der Kreativität erzwungen werden soll, obwohl doch klar ist, dass durch Zwang nur Anpassung produziert werden kann. Konstruieren wir einen Dialog:

„Sei kreativ!"
„Wie soll ich das machen?"
„Gibt dir Mühe. Ich lasse dich jetzt mal allein arbeiten!"

„Schau, was ich gemacht habe!"
„Das ist aber gar nicht kreativ, das ist banal!"
„Aber du hast mir nicht genau gesagt, was ich machen soll!"

Oder, in einer Ehe:

Frau: „Ich halte es nicht mehr aus mit dir. Immer muss ich alles sagen, nie kommst du von dir aus auf eine Idee. Du interessierst dich nie dafür, wohin wir in Urlaub fahren, ob unser Sohn Karate oder Saxophonspielen lernen soll, wie wir die Wohnung einrichten."

Mann: „Ich weiß nicht, was du hast. Was soll ich denn machen, dass du nicht immer so sauer bist?"

Frau: „Das ist es ja gerade, dass du mich immer frägst und ich alles für uns beide entscheiden soll, von den Wohnzimmervorhängen bis zum Urlaubsziel."

Ohne Triebe, Sinnlichkeit, Wunschproduktion, ohne Freiräume für das Unerwartete, Unangepasste, Ungeregelte wird das Dranbleiben leer, eine Anpassungs-Hülse. Ohne Disziplin und vernünftige Kontrolle ist es chaotisch und potentiell destruktiv. Kreativität ohne Halt verzettelt sich und stiftet Verwirrung; Halt ohne Spielraum für Kreativität lässt Menschen erstarren und macht sie auf lange Sicht depressiv.

Wer ein Kind oder einen geliebten Menschen festhält und zwingt, bei ihm zu bleiben, schädigt nicht nur die jeweilige Person, die so zum Opfer wird, sondern auch sich selbst. Er kann nicht mehr zwischen echten und aufgenötigten Gefühlen unterscheiden. In der sogenannten „schwarzen Pädagogik" war solche Falschmünzerei Brauch. Sie verlangt von dem Kind (oder in der Analogie: dem Ehepartner), eigene Gefühle zu verleugnen und sie durch die vom „Machthaber" geforderten Gefühle zu ersetzen. Dadurch entstehen hartnäckige, tiefgreifende Störungen des Dranbleibens.

„Wenn ich etwas getan hatte, womit er nicht einverstanden war, hat mein Vater verlangt, dass ich selbst zu dem Schrank mit den Angelruten gehe und die herausnehme, mit der er mich dann auf den nackten Po schlug. Danach musste ich sagen: ‚Ich danke dir für die gerechte Strafe.'"

Obwohl hochintelligent und in allen Ausbildungen erfolgreich, gelang es der so abgestraften Frau lange Zeit nicht, ein Gefühl der eigenen Identität zu entwickeln. Sie fühlte sich immer fremd in sich selbst, konnte sozusagen nicht an sich selbst dranbleiben – kein Wunder, da doch der Vater die authentischen Gefühle von Angst vor der Strafe und Wut über seine Grausamkeit durch seinen sadistischen Druck in Anerkennung und Dankbarkeit „verwandelt" hatte.

Die erwachsene Frau durchlebte in Schwellensituationen immer wieder das Gefühl, „das ist jetzt eine andere, das bin nicht ich". In diesem Zustand machte sie ihr Examen, arbeitete eine Weile im väterlichen Betrieb und heiratete. Erst als sie ein eigenes Kind bekam und spürte, wie es in ihr wuchs, änderte sich diese massive Entfremdung.

Um sich gesund zu entwickeln, braucht ein Kind die Möglichkeit, immer dann, wenn es zu viele Reize (Angst, Schmerz, Hunger) verarbeiten muss, Schutz bei einem vertrauten Erwachsenen zu finden. Die seelische Stabilität des Erwachsenen hängt damit zusammen, dass er eine solche „Heimat" in sich aufnehmen konnte. Seine Antriebe, die Umwelt neugierig zu

erforschen und sie seinen Bedürfnissen entsprechend zu verändern, machen ihn dann kreativ und bedrohen ihn nicht. Er
muss nicht alle ihre Folgen kontrollieren.

Dazu gehört auch, dass der Erwachsene eine Phantasie von
Austausch verinnerlicht hat. Durch sie gewinnt unsere Heimat,
die uns vor übermächtigen Reizen schützt, ihre stabile soziale
Qualität. Der Erwachsene ist von einem Netz von Freunden,
Bekannten, Kollegen umgeben. Indem er anderen Menschen in
deren Krisen Hilfe gibt, ermöglichen diese Menschen es ihm,
in Krisen seines Selbstgefühls Hilfe zu finden. Das Dranbleiben als seelische Möglichkeit hängt davon ab, ob wir uns als
kleine Kinder hinreichend angenommen fühlen und später, als
Heranwachsende, konstruktive Wechselwirkungen mit unserer Umwelt verinnerlichen können.

Freud hat als wesentlichen Schritt in der menschlichen Entwicklung die „Lösung des Ödipuskomplexes" durch Verinner-
lichung (Identifizierung des Sohnes mit dem Vater, der Tochter mit der Mutter) beschrieben. Viele Beobachtungen haben
seither bestätigt, wie wichtig die Eltern für das Schicksal eines
Menschen sind und wie viel Stabilität oder im ungünstigen
Fall Verunsicherung wir alle daraus gewinnen (oder verlieren),
dass wir uns mit einem vorwiegend positiv erlebten Elternbild
identifizieren können (oder eben nicht).

Vor allem Beobachtungen aus der Analyse von Beziehungen
und Gruppen haben aber gezeigt, dass es hier um mehr als um
eine isolierte Person geht, die als Vorbild dient. Ebenso wichtig
wie die Identifizierung mit einem Elternteil ist die Verinnerli-
chung einer Situation in einer Gruppe aus mindestens zwei Personen (den Eltern der Kleinfamilie), die sich austauschen. In
der gelingenden Entwicklung fördert der Reizschutz durch den
Austausch die Produktion von Triebwünschen und Neugier-

aktivität; diese wiederum fördern den Austausch mit anderen.

Wer schon viele Freunde und ein gutes Beziehungsnetz hat, erwirbt leichter weitere Freunde als der Einsame, der beim ersten Kontakt seine gesamten Bedürfnisse an ein dann entsprechend überschätztes Objekt richtet und im Zusammenbruch seiner Erwartungen in eine Krise gerät, welche seine Rückzugsneigungen verstärkt.

Wenn ein Mensch seine Liebespartner erst als begehrenswerte Engel bewundert, dann aber als wertlose Teufel bekämpft, dann hängt das damit zusammen, dass er in seiner Kindheit keinen Austausch verinnerlicht hat, in dem Eltern einander stabil bestätigt haben. Dieser Mangel soll in seiner Phantasie dadurch behoben werden, dass er mit einem vollkommenen Spiegelbild seiner selbst verschmilzt und auf diese Weise seine Kränkungen heilt und seine Ängste davor überwindet, die entwertete Ehe der Eltern zu wiederholen.

Die durch ständige Korrektur von Abweichungen gewonnene Linie, die das Dranbleiben erst ermöglicht, hängt mit dem Austausch zusammen, der mit unserer Umgebung stattfindet. Wer an einem anderen Menschen dranbleiben und sich mit ihm entwickeln will, muss mit ihm in Austausch treten. Das gelingt umso besser, je weniger gerechnet und gerechtet wird und je offener Wünsche geäußert werden können.

Wer als Kind wenig glückenden Austausch miterleben konnte, wird sich als Erwachsener schwer tun, sich von dem Zyklus zu befreien, in dem seine Partner sich von spendenden Engeln in geizige Teufel verwandeln.

Karl, ein zweimal geschiedener Arzt, der soeben zum vierten Mal seinen Praxissitz gewechselt hat, klagt in seiner Analyse ständig über seine faulen, gleichgültigen Freunde, die er so nicht mehr nennen will, weil sie es schon wieder ihm überlassen haben, sie anzurufen und ein Treffen zu vereinbaren. Wenn er es nicht tut, geschieht nichts, sie lassen ihn fallen; wenn er den Kontakt anbahnt, sind sie freundlich – aber ob er diese Erniedrigung noch lange aushält?

Karls Eltern – die Mutter aus dem Bürgertum, der Vater ein ehrgeiziger Arbeitersohn – hatten sich ständig entwertet. Der Vater fand die Mutter anspruchsvoll, zickig; wenn sie ihn nicht hätte, wäre sie eine alte Jungfer geworden. Die Mutter fand den Vater primitiv, hart, gefühlskalt und egoistisch. Karl fragte sich oft, warum die beiden zusammen waren. Während seiner kindlichen Sexualforschung kam er zu dem Ergebnis, sie hätten höchstens dreimal miteinander geschlafen, denn er hatte noch zwei jüngere Schwestern.

In seinen Ehen war er anfänglich stürmisch, warb intensiv; nach der Heirat fühlte er sich zunehmend im Stich gelassen, empfand die Frauen als kalt, gleichgültig, erotisch desinteressiert. Immer interessierte er sich für Anfänge, dafür, etwas aufzubauen, in großen Schritten voranzukommen. War es dann fertig, verlor er das Interesse. Irgendwann fiel ihm auf, dass er trotz seiner Mühen, ganz anders zu leben als seine verachteten Eltern, immer wieder in genau der Situation anzukommen schien, die er als Kind so quälend empfunden hatte.

Die freudlose Ehe der Eltern hatte in Karl eine immense Sehnsucht nach dem reinen Gegenteil geweckt, nach Aufbruch, Eroberung, Verliebtheit, Glanz, Hoffnung. Aber es gelang ihm ebenso wenig wie den Eltern, mit dem idealisierten Partner in einen liebevollen Austausch zu treten. So kam Karl schließlich mit einer schweren Depression in die Therapie. Er verurteilte sich jetzt dafür, dass er nicht einmal das Standvermögen der Eltern aufbringe, in einer schlechten Beziehung auszuharren.

Wer genügend gute Austauscherfahrungen verinnerlicht hat, dem fällt es in der Regel leicht, Kontakt zu halten: Er zählt nicht mit, er ist nicht beleidigt, wenn er die Initiative ergreifen muss – wichtig ist in erster Linie, was nach dem ersten Schritt geschieht. Und natürlich rufen alle Menschen lieber bei einer Person an, die sich freut und sofort in Austausch tritt als bei einer, die offen oder verdeckt die jüngsten Kontaktbemühungen aufrechnet oder zensiert.

Gelingende Beziehungen hängen damit zusammen, dass die Grenzen des Partners beachtet werden, ohne dass die eigene Freiheit leidet, ihm Wünsche mitzuteilen, ehe sie sozusagen sauer geworden sind und sich in Vorwürfe verwandelt haben. Wir werden durch jede enge Austauschbeziehung in einer spezifischen Weise verändert, die weit über alle Absichten hinausreicht.

7. Kapitel
Das Dranbleiben und die frühe Bindung

Seit einem grausamen Experiment, das dem Stauferkaiser Friedrich II. zugeschrieben wird, wissen wir um die unersetzliche Bedeutung der sozialen Zuwendung für unsere Entwicklung. Friedrich wollte herausfinden, ob es etwas wie eine menschliche Ursprache gibt. Daher verbot er den Ammen einiger auserwählter Waisen, mit den Kindern auch nur *ein* Wort zu sprechen; sie sollten sie ausschließlich körperlich versorgen, im Übrigen aber mit keinem Laut und keiner Geste Kontakt aufnehmen.

Die Kinder wurden immer apathischer und trauriger und starben schließlich alle. Der Versuch, durch Isolation zu einem ursprünglichen, von keiner Beziehung, keiner kulturellen Einflussnahme eingefärbten Menschtum vorzustoßen, war gescheitert. Ein Mensch braucht seinesgleichen, um sich zu entwickeln.

Der kindliche Organismus kann sich nicht in allen seinen Funktionen ausbilden, wenn ihm die Möglichkeit verweigert wird, sich auf einen erwachsenen Organismus zu beziehen und an ihm Halt zu finden. Das Band zwischen dieser oder diesem Erwachsenen – es ist im häufigsten Fall die Mutter, obwohl es auch ein Mann oder eine Amme sein kann – und dem Kind ist die erste Erfahrung eines Dranbleibens. Es prägt alle späteren Beziehungen.

Das Dilemma der frühen Bindung liegt darin, dass sie unverzichtbar ist und doch gelöst werden muss, wenn das Kind zu einem selbständigen Erwachsenen heranreifen soll, der den Mut hat, eigene Kinder zu haben. Die Mutter muss kommen, wenn das Kind schreit, und versuchen, es zu stillen, d. h. sich mit den eigenen Ressourcen an das zeitweise überlastete kindliche System anschließen, um es zu stabilisieren.

Perfekt kann sie das nicht tun. Es gibt keine perfekten Mütter, sondern nur Mütter, die gut genug sind. Mit diesen kann sich das Kind entwickeln, an sie kann es sich anpassen, beide können sich schließlich nehmen, wie sie sind, ohne dass sich einer verbiegen muss, und diese Erfahrung wird zur Basis vergleichbarer Erfahrungen im späteren Leben.

Wendet sich die Mutter dem Kind nicht zu, dann stirbt das Kind. Dieses harte Gesetz galt während des allergrößten Teils der menschlichen Entwicklungsgeschichte. Es bewahrte die primitiven Kulturen vor den Belastungen, welche heute durch das schwer beeinträchtigte Sozialverhalten jener Menschen entstehen, die – als Kinder unter gesetzlichem Druck von ablehnenden Eltern versorgt – in ihrer Fähigkeit belastet sind, Vertrauen auszubilden und sich an andere Menschen zu binden.

Die „Vorbeugung" der Frühstörung durch den schnellen Tod eines verlassenen Kindes ist eine grausame, unzivilisierte Lösung, zu der niemand ernsthaft zurückkehren will. Aber die hohe Selbstmordrate in allen Industrieländern, die Häufigkeit von Kriminalität und „verlangsamten Selbstmorden" durch Drogen- und Alkoholmissbrauch sprechen dafür, dass humane Entwicklungen weit schwerer zu bewerkstelligen sind als juristische Gebote.

Der ethische Fortschritt, der dem Kind ein individuelles Lebensrecht zuspricht, kann ihm nicht genügend gute Eltern schaffen. Väter und Mütter, die nur durch äußeren Druck und widerwillig bei ihrem Kind bleiben oder es für eigene Bedürfnisse missbrauchen, werden dieses nicht ausreichend fördern. Bis die Behörden eingreifen, ist oft schon zu viel an Verletzungen geschehen; in Heimen finden Kinder dann oft nicht die günstigsten Möglichkeiten, ihren Mangel an Urvertrauen und Bindungsfähigkeit auszugleichen.

Das oben skizzierte Modell der „richtigen" Linie, die unsichtbar ist und nur durch Vermeiden der Extreme gewonnen werden kann, spielt auch in der Erziehung eine wichtige Rolle. Eltern müssen versorgen, schützen, schenken – aber sie sollen nicht verwöhnen. Wenn ich etwas für mein Kind tue, kann ich nur in den frühen Phasen der Kindheit sicher sein, dass ich ihm nur etwas gebe und ihm nicht auch gleichzeitig die Fähigkeit nehme, es selbst zu tun.

Selbstsichere Eltern können sich hier auf ihr Gefühl verlassen und daran glauben, dass es schon gut gehen wird, wenn ihre Kinder selbständig werden. Unsichere Eltern klammern sich an die Kinder und geraten nicht selten in einen Teufelskreis, weil das unsicher gewordene Kind nun beginnt, sich ebenfalls an die Eltern zu klammern. So wird es immer schwerer, sich aus diesen wechselseitigen Anklammerungen zu befreien.

Ein Beispiel:

Eine 75-jährige Frau sucht wegen einer schweren Depression Hilfe. Diese ist aufgetreten, weil ihr 50-jähriger, lange Zeit alkoholkranker Sohn zum ersten Mal eine feste Anstellung hat und daran denkt, auszuziehen. Die Mutter ist als Kind schwer traumatisiert worden, ihr Stiefvater hat sie sexuell missbraucht. Die Ehe, aus der sie den Sohn hat, zerbrach nach einigen Jahren, weil ihr Partner nicht mit den heftigen Sexualängsten seiner Frau umgehen konnte, einem Erbe der frühen Schädigung ihrer erotischen Entwicklung.

So konzentrierte sich die Mutter ganz auf ihren Sohn, sie half ihm, wo sie konnte, förderte unbewusst seine Sucht, indem sie die Aufgaben der Coalkoholikerin übernahm, ihn entschuldigte, tröstete, seine Anklagen gegen eine böse Welt unterstützte, welche seine Begabungen nicht würdigen könne.

Als nach langem Hin und Her der Sohn endlich trocken war, eine Therapie begonnen hatte und anfing, sich zu verselbständigen, brach bei der Mutter die Depression aus: Sie konnte nicht ertragen, dass der Sohn nicht bereit war, sich für sie ebenso aufzuopfern, wie sie es für ihn getan hatte, dass er nicht auf eine eigene Familie verzichten wollte, um immer für sie da zu sein.

In der Erziehung können wir gut beobachten, wie wichtig für die Stabilität des Dranbleibens eben der Verzicht auf die Pseudosicherheit ist, die durch Drankleben entsteht. Wer auf diese Weise eine Bindung festigen will, erreicht genau das Gegenteil.

Ingenieure wissen seit langem, wie wichtig es ist, zwischen festen Bauteilen, etwa den Stahlbögen einer Brückenkonstruktion, Dehnfugen offen zu lassen, die es dem Material erlauben, zu „arbeiten", d. h. sich je nach der Außentemperatur zu vergrößern oder zu verkleinern. Durch die Dehnfuge wird die Brücke stabilisiert; im Einkalkulieren von Bewegung kann sie fester sein als in der Abwehr von Bewegung.

Dieser Vergleich ist nützlich für das Verständnis stabiler menschlicher Beziehungen. Auch hier ist es gefährlich, die Dehnfugen zu vernachlässigen, um ganz sicher zu gehen, dass sich nichts bewegt und alles garantiert so bleibt, wie ich es mir vorstelle. Wenn Eltern das Bild ihrer Kinder und Kinder das Bild ihrer Eltern starr festhalten, wenn sie die Familienbindung zementieren, dann kommt es mit hoher Wahrscheinlichkeit zu destruktiven Brüchen. Wenn sie hingegen Fugen offen lassen, dann gelingt es beiden Seiten in einem konstruktiven Sinn dranzubleiben, sich dort zu unterstützen, wo es in gutem Austausch gelingt, dort getrennte Wege zu gehen, wo es für die unterschiedlichen Bedürfnisse nötig ist.

Im Austausch mit der ersten, vertrauten Bezugsperson entwickelt das Kind die Fähigkeit, sich einzufühlen und Bedürfnisse aufzuschieben, deren Befriedigung andere verletzt. Wo diese Regulation nicht stattfindet, werden starke Gefühle nicht mehr durch Einsicht und Einfühlung reguliert, sondern durch Schmerz. Das Kind schlägt um sich, bis es von einem Stärkeren geschlagen wird; der Erwachsene wird kriminell oder – wenn er, sozial günstiger, die Wut gegen das eigene Ich umleiten kann – depressiv.

Die Frühstörung beeinträchtigt immer auch unsere Fähigkeit dranzubleiben. Umgekehrt wird überall dort, wo ein Mensch lernt, bei einer Person oder einer Sache zu bleiben, auch die Macht dieser frühen Störungen gemildert. Sie sind es, die zu den bereits beschriebenen Spaltungsprozessen führen: wer die genügend gute Mutter nicht hatte, muss sich eine perfekt verwöhnende zurechtidealisieren, die im Augenblick der Enttäuschung verworfen wird. Der Hans im Glück, der Don Giovanni illustrieren diese Situation.

Je selbständiger das Kind wird, desto weniger braucht es solche Zuwendung; an die Stelle der Muttermilch tritt das Geld, das die großen Kinder gerne für ihre eigenen Interessen ausgeben; an die Stelle der zärtlichen Beruhigung die verbale Diskussion, in der sich die eigenständige Persönlichkeit des Kindes formt. Eine Struktur zu geben, die das Dranbleiben ermöglicht, bedeutet: Halten und Loslassen sinnvoll zu mischen.

Ich finde es wissenschaftlich falsch und menschlich töricht, aus der Kenntnis eines einzigen traumatischen Elements entweder anderen eine solche Frühstörung zuzuschreiben oder sich selbst mit dieser Diagnose in eine Opferhaltung zu begeben. Wer hier nur aus der Sicht einer therapeutischen Praxis diskutiert, gerät in Gefahr, die Realität zu verkennen. Es gibt sehr viele Menschen, die sich nach derselben äußeren Belastung, mit deren Betrachtung ein Therapeut die Störung seines Patienten zu verstehen sucht, unauffällig entwickelten.

Ich habe in Selbsterfahrungsgruppen zur Fortbildung von Führungskräften und Sozialberufen immer wieder beobachten können, wie Menschen schwerste Traumatisierungen verarbeiten konnten, die ein Therapeut, wenn sie ihm bei einem Patienten begegnen, als Ursache für dessen Störung ansieht.

Früher Verlust der Mutter, massive Misshandlungen, sexueller Missbrauch können einen Menschen bleibend schädigen, sie müssen es aber nicht. Der Versuch, durch Übertreibung von Schäden und Vernachlässigung von Ausgleichsmöglichkeiten die Gesellschaft zu mobilisieren, scheint mir ähnlich kurzsichtig wie die gut gemeinten und schlecht wirkenden Übertreibungen von Umweltschützern, die den biologischen Tod der Meere oder das Absterben der Wälder derart übertrieben ankündigen, dass am Ende die dreiste Verleugnung dieser Gefahren über den voreiligen Propheten triumphiert.

Der Mensch ist nicht nur von biologischen Anlagen bestimmt. Er verändert seine Umwelt. Er schafft sich auf einer natürlichen Grundlage eigene Welten. Diese prägen die nächsten Generationen. Wir sind Bastler im Zwischenreich von Natur und Symbol. Das Dranbleiben ist genau dieser Mechanismus: Sich nicht nur zu entwickeln und etwas einzusehen, sondern auch etwas aufzubauen, indem die gewonnenen Einsichten zu einer Struktur gemacht werden. Goethe hat darauf angespielt, als er (im „West-östlichen Diwan", Buch Suleika) feststellt:

„Höchstes Glück der Erdenkinder
Ist nur die Persönlichkeit".

Heute nennen wir diese selbstgebaute Struktur meist „Identität". An der eigenen Identität dranzubleiben, ist ein Prozess, in dem wir immer entspannter mit uns und unserer Umwelt umgehen können, weil wir uns so annehmen können, wie wir sind – mit allen Schatten und allen Lichtern unserer Biographie, die ja meist miteinander verbunden sind.

Ein Beispiel:

Dieter ist schon relativ jung wegen seiner glänzenden akademischen Leistungen Professor und Institutsleiter geworden. Wegen einer Depression sucht er therapeutische Hilfe. Neben seinen Eheproblemen sind vor allem seine heftigen Ängste ein wichtiges Thema. Sie sind am Montag immer besonders schlimm, er kann dann wegen seiner Bauchschmerzen kaum schlafen.

Die Analyse zeigt, dass dieser hochbegabte und bei seinen Mitarbeitern ungewöhnlich beliebte Mann vaterlos aufgewachsen ist und gelernt hat, die Schwäche seiner männlichen Identifizierung durch intellektuelle Leistung und eine überdurchschnittliche Fähigkeit auszugleichen, sich in andere Menschen einzufühlen.

Er erlebt sich als die Mutter seines Instituts, muss auf jeden Mitarbeiter eingehen, darf keinem von ihnen etwas abverlangen, was dieser nicht gerne tut. Er hat stets Angst, nicht zu genügen, und spürt großen Druck, sich zu verstellen, nicht zu zeigen, wenn er sich ärgert, immer freundlich und vernünftig zu bleiben.

Das Institut ist ebenso wenig Teil seiner Identität geworden, wie seine Rolle als Leiter. In der Realität ist er völlig unangefochten, seine Mitarbeiter wissen, was sie an ihm haben. Wenn er offen seinen Ärger und seine Freude ausdrücken würde, würde seine Autorität gewiss nicht leiden. Aber er hat die Struktur, die um ihn entstanden ist und die er selbst geschaffen hat, nicht wirklich annehmen und erfüllen können, sondern fühlt sich in ihr immer noch bedroht, als könnte sie ihn jederzeit fallen lassen und ihm über Nacht verloren gehen.

Dieter hat über der Anpassung an die äußeren Forderungen versäumt, an seinen Empfindungen dranzubleiben und sie immer wieder mit den äußeren Forderungen abzustimmen. Daher geht es ihm auch schlechter, sobald er selbst Leiter wird: Vorher hat ihn der alte Institutsleiter beschützt, dessen Nachfolge er antrat. Solange er über diese stabilisierende Vaterfigur verfügen konnte, fühlte sich Dieter sicher, wenn er am Montag die Arbeitswoche vor sich sah. Die Struktur, an der er sich orientieren würde, war eindeutig. Als er selbst Leiter wurde, gelang es ihm nicht, diese Eindeutigkeit aufzubauen und an ihr dranzubleiben. Er ging sozusagen in ein Institut, in dem die unterschiedlichsten Leiterinnen und Leiter waren. Alle musste er zufrieden stellen, das beleidigte Gesicht seiner Sekretärin reichte, um ihm den Tag zu verderben.

Dieter kann im Lauf seiner Therapie lernen, seine eigene Leitungsrolle zu entwerfen, sie aufzubauen und an ihr dranzubleiben. Je besser ihm das gelingt, desto entspannter wird er in sein Institut gehen, weil ihm klar geworden ist, dass er auch dort er selbst bleiben kann: ein Mensch mit Vorzügen und Fehlern.

8. Kapitel
Die Rolle der Intelligenz

Ein mächtiger Joker im Spiel der menschlichen Entwicklung ist die Begabung zur Einsicht, die Intelligenz. Sie kann viele Schäden ausgleichen und helfen, sie zu überwinden. Aber sie kann sich auch gegen ihre Träger richten.

Jede Psychotherapie (und übrigens auch ein Unternehmen wie dieser Text) läuft darauf hinaus, die menschliche Intelligenz zu nutzen, um die Einsicht in die eigene Realität und die Einfühlung in die Realität anderer Menschen zu fördern. Dann können wir uns besser orientieren und unsere Möglichkeiten ökonomischer verwirklichen.

Wer sehr klug ist, kann viele dieser Hilfsangebote erkennen und nutzen. Aber er kann sie auch, wenn es ihm jene Kräfte gebieten, die stärker sind als die Einsicht, abwehren und an exquisiten Foltern der eigenen Person festhalten. Die Intelligenz aus der Gefangenschaft sinnlos gewordener Abwehr von Kränkung und Scham zu befreien, stößt oft auf hartnäckige Widerstände. Ich will jetzt eine Geschichte aufzeichnen, welche das Schicksal einer verschütteten Hochbegabung dokumentiert.

Karen war schon früh ihren Eltern intellektuell überlegen gewesen. Aber sie hatte einen Teil ihrer Intelligenz benutzt, um diesen Vorsprung aufzuheben und ihn ungeschehen zu machen. Unbewusst wollte sie sich den Kontakt mit den Eltern dadurch erhalten, dass sie sich sozusagen dumm machte. Sie war überzeugt, alle ihre intellektuellen Erfolge beruhten nur auf Hochstapelei oder Zufall.

Wer in einer Umwelt aufwächst, in der die Erwachsenen die strahlende Intelligenz eines Kindes begrüßen, sich über sie freuen, sie fördern, der kann das tiefe Leid kaum verstehen, das entsteht, wenn das Kind bemerken muss, dass es gerade durch seine Klugheit den Kontakt zu den Eltern verliert und ihre Zuneigung aufs Spiel setzt.

„Was du dir immer einbildest", sagte der Vater, „was du schon wieder herumspinnst!" Die Mutter jammerte, dass sie in der Speisekammer, in der Karen wieder einmal eine mustergültige Ordnung geschaffen hatte, schon wieder nichts mehr finde. Kein Wunder: statt die Überlegenheit von Karens Ordnung zu erkennen und zu übernehmen, hatte die Mutter einfach darüber hinweggewirtschaftet und ihr ursprüngliches Chaos reproduziert. Das war mehr als ein Versehen, es war eine symbolische Geste. Denn so sehr sich die Mutter auf Karen stützte, sie um Rat und Trost anging, sie zur Helferin gegen den cholerischen Vater aufbaute, so rasch war sie auch mit einer Entwertung bei der Hand, wenn sie ihre eigene Überlegenheit, ihr Prestige als vielleicht überlastete, jedenfalls aber untadelige Mutter angetastet sah.

Die kleinen Geschwister klammerten sich an Karen und kamen zu ihr, wenn die Eltern keine Zeit, keine Idee, keine Kraft hatten. Es gab unendlich viel zu tun. Als Erwachsene lieh Karen dem Bruder Geld, weil er sich in seinem Betrieb verschätzt hatte, sie beriet die Schwägerin, wenn eine Nichte schwierig war, sie half im Betrieb. Selbst verlangte sie nie etwas.

Wer hochbegabt ist, kann auch tief und schmerzlich stürzen.

Schließlich empfindet er seine Fähigkeiten wie einen Fluch, er beginnt sie zu hassen, umso mehr, je weniger Verständnis er bei den Umstehenden für diese verrückte Geste findet. Denn wie soll der Durchschnittsmensch, der sich anstrengen muss, um das Gleiche zu erreichen, was eine Hochbegabte mühelos bewältigt – wie soll er es verstehen, dass diese in Verzweiflung ausbricht, weil sie sich jetzt wieder nur angepasst, sich nur fremdbestimmen hat lassen?

Wer geistig schneller ist als andere, braucht einen freien Raum, um sich entfalten zu können. Einem trägen Gaul macht es nichts aus, wenn er hinter jemandem hertrotten soll, der noch langweiliger ist als er. Ein blockiertes Rennpferd hingegen verletzt sich selbst.

Wenn die Macht klüger ist als die Ohnmacht, ist das gut für beide; wenn aber die Ohnmacht klüger ist als die Macht, dann wird kostbare Energie verschwendet. Die Ohnmacht wird sich selbst lähmen und blenden, weiß sie doch, wie grausam die Macht mit dem Versuch umgeht, sie zu entthronen.

Allmählich begriff ich, weshalb Karen manchmal gegen ihre eigenen Fähigkeiten wütete. „Natürlich verstehe ich das. Natürlich halte ich das aus!" Sie weinte. „Das ist ja gerade das Schlimme. Alles verstehe ich, alles halte ich aus; wie ich das hasse, alle sind mir wichtiger, als ich es mir bin, ich weiß nicht, was ich will, ich würde so gerne etwas Eigenes machen, aber immer mache ich etwas für die anderen, ich habe viele Ideen, aber wenn ich sie ausdrücken will, sind sie weg."

Es war, als hätte sich die große Intelligenz, die Fähigkeit, schneller als andere Lösungen zu erkennen, kritische Punkte in einem Zusammenhang aufzufinden, Dinge zu ordnen und zu überblicken, in ein rücksichtsloses Verfolgungssystem verwandelt – wer schnell sehen und erkennen kann, ist auch in der Lage, blitzschnell alle eigenen Gedanken aufzuspüren und sie zu unterdrücken.

Karen musste sich schon früh verboten haben, ihren Intellekt zu ihren Gunsten einzusetzen. Sie fürchtete sich, ihre Eltern zu übertreffen. Sie wollte nichts Besseres sein als Vater oder Mutter, sonst wäre ihre Einsamkeit vollends unerträglich geworden.

Das Kind genoss intensiv jede Gelegenheit, fortzukommen und ein Stück geistiger Freiheit zu finden. Eine davon war der Zahnarztbesuch, wo es im Wartezimmer so viele interessante Zeitschriften gab. Sie wäre am liebsten jeden Monat zum Zahnarzt gegangen, aber leider hatte sie kerngesunde Zähne. Sie blühte auf, wenn es außerhalb des Elternhauses etwas zu tun gab. Die Grundschule absolvierte sie als eine der Besten, aber niemand dachte daran, sie auf eine weiterführende Schule zu schicken und sie auf ein Studium vorzubereiten. In einer Wirtschaft fing sie als Spülhilfe an zu arbeiten und organisierte nach einem halben Jahr den Betrieb.

Sie wählte die Ausbildung zur Hotelfachfrau. Da sie ahnte, dass ihr ein Aufenthalt im Ausland gut tun würde, ging sie für ein Praktikum in die Schweiz. Dort stieg sie bald vom Zimmermädchen zur Etagenmanagerin auf. In ihrem Zeugnis stand: „Als Führungskader geeignet". Karen hielt solche Erfolge für selbstverständlich. Selten einmal wunderte sie sich darüber, wie lange andere für eine einfache Arbeit brauchten und wie man ihnen das Offenkundige sagen musste.

Karen blieb geistig ungefördert. Wo es darum ging, praktische Aufgaben zu bewältigen, hatten die Eltern die hohe Begabung begrüßt und für ihre Zwecke ausgenützt. Hier konnte sich Karen ungestört entwickeln; sie hat Freude daran, komplizierte Menüs zu kochen, zu schneidern oder an der Einrichtung ihrer Wohnung zu basteln. Hier gibt es nicht die quälenden Gefühle, dumm zu sein, nicht weiterzukommen, nichts zu Ende denken zu können, sich zu langweilen, die sie in anderen Gebieten plagen.

Besonders rätselhaft ist Karens Blockade in ihrer erotischen Entwicklung. Warum gab sie es auf, ihren Körper sozusagen in den Veränderungen der Pubertät zu begleiten, sich ihm mit ihrem glänzenden Verstand zuzuwenden, seine Lustmöglichkeiten zu erschließen und zu beherrschen? Müssen wir uns hier mit der Einsicht zufrieden geben, dass zu diesem Entwicklungsschritt eine Identifizierung mit der Mutter notwendig wäre? Braucht das Mädchen die Aufnahme, die Inkorporation und Verdauung eines Mutterbildes, um mit seiner keimenden Sexualität fertig zu werden?

Dann wäre Karen deshalb gescheitert, weil sie schon früh begonnen hatte, die Mutter kritisch zu sehen. Auch hier verwandelte sich die Begabung aus dem potentiellen Segen in einen Fluch. Für eine solche Inkorporation wäre es notwendig gewesen, die Mutter zu idealisieren. Man kann nur aufnehmen und verdauen, was man wenigstens ein bisschen bewundert. Aber Karen sah nur allzu genau die Schwächen, das Chaos, die Ausreden der Mutter. So konnte sie nicht zu dem mütterlichen Kern vordringen, der durchaus hilfreich und stärkend gewesen wäre, denn die Mutter besaß doch auch jenen animalischen Stolz auf ihre sexuelle Potenz, an dessen Stelle bei Karen lange Zeit nur Angst vor etwas Unkontrollierbarem aufzufinden war.

Auch der Vater stand der sexuellen Entwicklung im Weg. Er war ein attraktiver, aber auch destruktiver Mann, der nichts gelten ließ außer der eigenen Meinung und sie so lange rücksichtslos durchsetzte, wie er keine Grenze fand. Seine Macht beruhte aber nicht auf Stärke, sondern auf dem Versuch, seine innere Brüchigkeit und Verletzlichkeit zu verleugnen. Während seine Frau Ausreden und Ausflüchte produzierte, in Tränen nachgab und heimlich doch ihren Kopf durchzusetzen suchte, erkannte Karen die hinter seiner Scheinstärke verborgene Schwäche ihres Vaters, die Brüchigkeit seiner Struktur. Sie bemühte sich, ihn zu stützen, ihn zu bessern, ihn der Mutter zu erklären. Die Mutter konnte sie ihm nicht erklären, das hatte sich bald erwiesen: Er hätte über sein eigenes Temperament nachdenken müssen, das konnte er nicht.

So entwickelte Karen ein untrügliches Auge für männliche Schwächen. Diesen Blick haben viele kluge Frauen. Sie gewinnen aus ihm die Stärke, über Männer zu herrschen, die sich einbilden, sie seien der Herr im Haus. Für Karen aber war es ein Blick, um Nähe abzuwehren. Sie erkannte die vom Vater nur angedeutete Phantasie, er sei als Mann von der übermächtigen Mutter in der Sexualfalle gefangen worden. Hinter seiner zitternden, ängstlichen, vor seinem Gebrüll zusammenzuckenden Frau ragte das Bild der Muttergöttin auf, unklar und mächtig. Diese vor ihm sichtbare ängstliche, unterwürfige Frau stand unter ihrem Schutz, und wenn er sie noch so herumkommandierte, er war gefangen.

Karen hatte diese Szene unbewusst aufgenommen. Als sie ihren ersten Orgasmus spürte, überfiel sie eine warnende Angst: Wenn sie auf diesem Weg weiterging, dann würde sie am Ende ihre Freiheit verlieren. So blockierte sie das beglückend-gefährliche Gefühl.

Viele Drohungen und Verluste müssen zusammenkommen, um das normale Wunder des menschlichen Heranwachsens zu verhindern: dass die im Schulalter angesammelte und geformte Intelligenz sich mit der reifenden, im Orgasmus konzentrierten sexuellen Lust verbindet, bis beide Kräfte den Erwachsenen schaffen. Es ist wie der Durchbruch in der Mitte eines Gebirges, zu dem sich von zwei Talseiten her die Tunnelbauer vorgearbeitet haben.

Karens Mutter war ängstlich, unsicher, auf den Mann fixiert, noch längst nicht in der Lage, die Verantwortung für ein Kind zu tragen. Sie lernte das schlecht und recht im Lauf ihrer Schwangerschaften, aber Karen, die Erstgeborene, war sicherlich in ihrer Fähigkeit beeinträchtigt, sich an eine vertraute, liebevolle Mutter anzuschließen, wenn übermächtige innere oder äußere Reize ihre Selbstregulation erschütterten.

Dank ihrer robusten Konstitution bewältigte Karen diese frühen Belastungen scheinbar ohne Beschwerden und Symptome. Sie muss eines jener Babys gewesen sein, die auch noch der nachlässigen Mutter das Gefühl schenken, sie mache es viel besser als andere, die sich ständig mit schreienden und nicht gedeihenden Kindern herumschlagen. Das nächste Kind, ein Bruder, war viel schwieriger zu pflegen, und Karen wuchs schon im Kindergartenalter in die Rolle der großen, vernünftigen, braven Tochter hinein, die der Mutter nicht nur keine Schwierigkeiten macht, sondern ihr hilft und zur Seite steht.

Aber die frühe Erfahrung, in körperlicher Erregung keinen Halt zu finden, mit ihr alleine fertig werden zu müssen und daher darauf zu achten, dass sie nicht zu stark wurde, blieb gespeichert und trug dazu bei, dass der erste Orgasmus seine Aufgabe als Entwicklungsanstoß nicht erfüllen konnte. Die wachsende Kritik Karens an dem launischen, oft kindischen Verhalten ihrer Mutter blockierte die Inkorporation eines Vorbilds, das weibliches Verhalten bis in die Selbstvergessenheit der Sexualität hinein attraktiv machte.

Vielleicht in keinem intensiven Erleben können wir subjektiv die Bedeutung des Dranbleibens genauer erfassen als in der

Steigerung der sexuellen Erregung zum Orgasmus. Wer sich ohne Hemmung und Angst von dieser Erregung tragen lässt, gewinnt etwas wie das Gefühl, dichter als jemals sonst an seinem eigenen Leben und an dem der Person dranzusein, mit der er oder sie sich verbindet. Er schwimmt sozusagen in der Mitte eines Stroms, der durch Energien aus allen möglichen Seitenarmen und Nebenflüssen immer reicher und stärker wird, bis er schließlich im ozeanischen Gefühl des Orgasmus aufgeht.

Dieser an sich klare und mächtige Prozess ist in vieler Hinsicht störbar. Die Erregung kann sich, obwohl gewünscht, nicht einstellen. Oder sie kann, nachdem sie schon da war, plötzlich wieder verschwinden und Angstgefühlen Platz machen, die zunächst mit dem Versagen in der sexuellen Leistung begründet werden, vielleicht aber tiefer reichen, in die Angst hinein, an etwas dranzubleiben, das schließlich stärker werden könnte als die bewusste Absicht.

Der Mythos von der „Bewältigung des Ödipuskomplexes" besagt, dass Männer und Frauen viel leichter sich selbst finden, wenn sie mit ihren elterlichen Vorbildern verschmelzen konnten. Dann gewinnen sie einen unbewussten Halt, eine Struktur, die auch dann noch bestehen bleibt, wenn sie ihre Erlebnisse nicht mehr bewusst kontrollieren.

Nun sind die Eltern keineswegs immer gute Vorbilder für das Kind. Es sieht, wie sie scheitern, es beobachtet, wie sie es belügen oder für ihre eigenen Zwecke missbrauchen. Das Kind muss sich sehr oft einer Übermacht fügen. Jeder Erwachsene, der Erinnerungen an seine Kindheit in ihren schönen und bitteren Qualitäten zulässt, kennt dieses Leid. Es zu vergessen, sich von ihm nicht im Genuss des nächsten Augenblicks beeinträchtigen zu lassen, gehört dann zu den guten Möglichkeiten des gesunden, nicht überlasteten und schwer verletzten Kindes.

Schlimmer und weit schwieriger zu überwinden ist ein Leid, das nicht aus der Übermacht der Eltern, sondern aus der eines Kindes entsteht. Das Kind muss seine eigene (geistige) Übermacht vernichten, um nicht den Kontakt zu verlieren, den es von seinen Eltern braucht. Das kann geschehen, wenn das Kind sehr begabt und die Eltern in ihrem Selbstgefühl sehr belastet sind oder wenn – im Regelfall – beides zusammentrifft. Das Kind erkennt, dass die Eltern Fehler machen, die in seinen Augen vermeidbar sind. Aber es darf sie nicht auf diese Fehler hinweisen. Das würde sie demontieren, und das Kind weiß, dass sie diese Demontage nicht vertragen. So muss es, um die Eltern zu erhalten und vor seiner Kritik zu schützen, seine eigene Intelligenz blockieren.

Das ist leichter gesagt als getan. Wie jede natürliche Gabe hat auch die Intelligenz ihre eigene Funktionslust. Sie möchte sich entwickeln, es macht Freude, sie zu betätigen, es ist keineswegs leicht, sie abzuschaffen. Wie bei der mythischen Hydra wachsen aus jedem abgeschlagenen Haupt zwei neue. Im Mythos wurde das Ungeheuer dadurch besiegt, das ein Helfer dem Helden Fackeln reichte, mit deren Hilfe er die Stümpfe ausbrannte und so das Nachwachsen der Schlangenköpfe verhinderte. Ähnlich vernichtend gehen die hochbegabten Kinder narzisstisch gestörter Eltern mit ihren Begabungen um.

Dabei sind die Töchter „tiefere" Opfer. Da es zu ihrem Lebensentwurf gehört, sich eine enge Beziehung zu imaginieren, knüpft sich das Opfer der Intelligenz an den Kontakt mit Männern. Der hochintelligente Sohn wird es viel leichter haben, Frauen durch seine Brillanz zu verführen; sie werden ihn bewundern und ermutigen, seine Fähigkeiten zu entwickeln, auch wenn er sie zunächst aus Angst blockiert hat, durch sie den Kontakt mit seinen Eltern zu verlieren.

Dass das bei Frauen nicht ganz so einfach ist, zeigt eine Szene in dem Film „Blondinen bevorzugt". Die attraktive, aber naive Schönheit (dargestellt von Marilyn Monroe) macht eine ausgesprochen kluge Bemerkung. Sie fällt so aus dem Rahmen ihres Verhaltens, dass ihr potenzieller Schwiegervater sagt: „Aber Sie sind ja gar nicht dumm!"

„Keineswegs", sagt die Blondine. „Aber ich habe herausgefunden, dass die Männer es nicht mögen, wenn ein Mädchen klug ist!"

Hier wird die Hemmung der Intelligenz zum Spiel, zu einer intelligenten Reaktion auf den Narzissmus der männlichen Partner. Aber dieser weise Umgang mit der geistigen Rivalität zwischen Mann und Frau gelingt nur dann, wenn das intellektuelle Selbstbewusstsein nicht durch eine frühe Traumatisierung eingeschränkt wurde. Wer sich, wenn er das will, auch ganz dumm stellen kann, demonstriert einen reifen Umgang mit seiner Intelligenz.

Bei Karen war diese Fähigkeit, sich dumm zu stellen, um einen Flirt anzukurbeln, durch das gerade Gegenteil ersetzt: Wenn die Möglichkeit bestand, sich von einem Mann helfen zu lassen und dadurch einen Kontakt zu vertiefen, war Karen besonders engagiert dabei, zu zeigen, dass sie die Situation vollständig im Griff hatte.

Viele narzisstisch belastete Menschen können nicht auf den Beweis ihrer geistigen Überlegenheit verzichten, selbst wenn er ihnen nicht nur nichts einbringt, sondern geradezu schadet. Ein Beispiel ist Mara, eine düstere Schönheit, von Beruf Redakteurin, die unter ihrer Einsamkeit leidet und herausfinden will, weshalb sich die Männer nach kurzem Werben von ihr zurückziehen. Es stellt sich heraus, dass sie „ihren" Männer geradezu zwanghaft vermittelt, wie dumm sie sind.

Wenn einer eine Geschichte falsch wiedergibt, eine Szene in einem Buch oder einem Film nicht genau begriffen hat, ein Fremdwort falsch gebraucht, dann muss sie das verbessern. Aber nicht genug damit: Sie verliert auch das Interesse an diesen Partnern, zieht sich von ihnen zurück und quält sich dann in ihrer Einsamkeit mit der Frage, warum die dümmsten Frauen Kerle aufreißen können, sie aber nicht. Ähnlich verschwenderisch geht mit seinen Ressourcen um, wer in einem hierarchischen Verhältnis den Vorgesetzten eine geistige Überlegenheit spüren lässt. Viele Äußerungen, die mit der Formel operieren, dass „die Chemie nicht stimmt", hängen mit solchen Rivalitäten zusammen.

Wegen der Schärfe ihrer Kritik und der Schnelligkeit ihrer Auffassung sind Hochbegabte für ihre soziale Umgebung keineswegs einfach zu verkraften. Das bemerkt auch ein Therapeut, vor allem aber bemerken es die Hochbegabten selbst. Daher fällt es ihnen oft auch so schwer, an ihren eigenen Fähigkeiten dranzubleiben und sie nicht zu ersticken.

Es gibt viele Mechanismen, sich dumm zu machen. Wer sehr intelligent ist, aber in seinem Selbstgefühl durch ständige Rückmeldungen beschädigt wird, er sei verrückt, schwierig, ja „blöd", weil er nicht so denkt wie alle anderen, der ist in großer Gefahr, dieses Urteil zu übernehmen. Er gerät in den Trotz des Gekränkten, aus dem weniger Begabte vielleicht deshalb schneller herausfinden, weil sie in ihren Leistungen abstürzen und dadurch Nachteile erleiden.

Der Hochbegabte kann seine gekränkte Faulheit, seinen Trotz, seine Schlamperei, seine Protesthaltung gegen Ordnung und gezieltes Vorgehen lange festhalten. Er bringt, auch wenn er fast nichts tut, in der Prüfung immer noch eine durchschnittliche Leistung, weil er notfalls blitzschnell Lücken seines Wissens auffüllt, Mängel an Vorbereitung durch Geschwindigkeit ausgleicht und improvisiert.

So rutscht er durch, ohne jemals das Gefühl zu haben, er habe sich eine gute Note verdient oder er besitze wirklich gründliche Kenntnisse, die Anerkennung und Respekt von Seiten seiner Umwelt verdienen.

Wenn die psychische Hemmung der Hochbegabung nicht ausreicht, um ihre bedrohlichen Potenziale zu mildern und den narzisstisch belasteten Hochbegabten in die Wonnen des Durchschnittlichen eintauchen zu lassen, greifen viele Betroffene zu Alkohol oder Drogen, um sich zu betäuben und sich dumm, aber handlungsfähig zu machen. Der Alkohol mildert die Ängste vor Einsamkeit. In der Gemeinde der Trunkenen gibt es nur noch die verschiedenen Grade des Rausches, keine Unterschiede der Begabung mehr.

Wer schneller auffasst als andere, ist diesen voraus – und damit auch allein. Wenn dem Hochbegabten aufgrund seiner Frühstörung dieses Alleinwerden panische Angst bereitet, dann wird er versuchen, sich zu bremsen. Viele dieser Menschen berichten in der Analyse, dass sie zu Hause noch genau wussten, was sie wollten, dass ihnen viele Dinge auf der Seele brannten, die sie gerne besprochen hätten, dass aber jetzt, wo die Möglichkeit sich konkretisiert hätte, dem Analytiker davon zu erzählen und die offenen Fragen zu klären, ihr Kopf ganz leer sei. Sie plagen sich dann mit dem Gedanken, ihn zu langweilen und denken nur daran, wie sie die Stunde schnell hinter sich bringen können. Manchmal wird daraus ein regelrechtes Ritual: Die Stunde ist am Anfang immer zu lang, am Ende zu kurz, weil dann doch ein Gespräch entstanden ist und sich plötzlich sehr viel Material anbietet.

Ein weiterer Aspekt der frühgestörten Hochbegabung ist die

Selbst-Verdächtigung, ein Hochstapler zu sein, der andere Menschen durch eine schnell aufgebaute Brillanz blendet: Ich kann in Wirklichkeit gar nichts! Ich habe nie eines der Bücher zu Ende gelesen, die ich so geschickt zitiere, nie eine der Theorien, mit denen ich irgendwie arbeite, wirklich verstanden. Zugegeben, es mag schlimmere Betrüger geben, die ein Zeugnis fälschen! Ich habe ein echtes Examen bestanden, aber eben nur, weil sich die Prüfer hereinlegen ließen und nicht gemerkt haben, dass ich den Stoff nicht wirklich verstanden habe.

Eine Doktorandin mit diesem Dilemma ließ sich in der Analyse kaum davon abbringen, ihre Arbeit in Frage zu stellen und nach Verbesserungsmöglichkeiten zu suchen, obwohl diese von dem zuständigen Professor längst angenommen und hervorragend beurteilt worden war. Sie konnte sich nicht vorstellen, dass die Arbeit gut genug war. Sie war dem Professor intellektuell überlegen und hielt seine anerkennenden Rückmeldungen für freundlichen Betrug. Wenn er die Arbeit lobe, sei das ein Beweis, dass er zu konfliktscheu für eine Kritik sei und versuche, sie wie ein Kind zu behandeln und abzuspeisen.

Wer tiefer in die Probleme des Dranbleibens eindringen will, kommt auf den Grundwiderspruch des individualisierten Menschen: Wir brauchen den Kontakt, um Halt zu finden, und wir brauchen die Freiheit, um uns selbst zu verwirklichen. Potenziell bedroht jeder Kontakt die Freiheit, jede Selbstverwirklichung den Kontakt. Wer die Erfahrung der genügend guten Beziehung und des mit ihr verknüpften Austauschs in sich aufgenommen hat, kann diese Klippen umschiffen. Er wird sich aus Kontakten liebevoll lösen, um seine eigenen Ziele zu verwirklichen, und daher bei diesen einsamen Wegen von den Schrecken der Isolation geschützt sein, weil er sicher ist, dass der Rückweg nicht versperrt ist. Er wird seine selbstgesetzten

Ziele energisch verfolgen, weil er daran glaubt, dass ihn ein reifer Egoismus fester in seinen Beziehungen verankert.

Aber diese Situation ist nicht stabil, sondern verletzlich und riskant. Sie braucht nicht nur die genügend gute Elternerfahrung in der Kindheit, sondern auch genügend gute Folgeerfahrungen. Sie kann jederzeit durch ein Trauma erschüttert werden. Dann klammert sich der unabhängige Geist plötzlich wieder an den Beifall, und die Kreativität versiegt, weil eine Treulosigkeit, ein Verrat, ein Verbrechen, ein Unfall das Vertrauen in die Verlässlichkeit von Beziehungen erschüttert haben.

Viel ist gewonnen, wenn begabte Menschen lernen, ihre eigene Begabung anzunehmen und zu erkennen, dass ihre Kontaktschwierigkeiten kein Defizit ausdrücken, sondern eine ungeordnete und unerkannte Überlegenheit. Dann suchen sie den Fehler nicht mehr bei sich und können anfangen, sich mit dem Konflikt anzufreunden, der durch ihre Andersartigkeit entsteht.

Den Hochbegabten fehlt der schützende Kokon „ähnlicher" Menschen, der die meisten Personen umgibt. Sie müssen ihn sich „bauen" – entweder, indem sie selbst die Führung übernehmen und so den Konflikt vermeiden können, der durch die Unterordnung unter geringere Begabungen entsteht. Aber gerade diese Bereitschaft, Führung zu beanspruchen, wenn sie durch die eigene geistige Überlegenheit verdient wäre, braucht ein festes Selbstgefühl und die Bereitschaft, sich nach außen zur Geltung zu bringen.

Gerade diese Bereitschaft fehlt aber den in ihrer Kindheit verletzten, durch Verständnislosigkeit und Entwertung belasteten Hochbegabten. Sie können für ihre Umwelt sehr schwierig sein, weil sie zwar den Exhibitionismus und die nicht immer auf Verdienst beruhenden Machtansprüche anderer scharfsinnig zerpflücken, sich aber selbst vor der Macht fürchten und sie entwerten. Unendlich viel ist durch einen Partner gewonnen, der selbst hochbegabt ist und mit dem die eigenen Probleme gemeinsam ausgetauscht, angegangen und bewältigt werden können.

Viele Hochbegabte kommen zur Ruhe, wenn sie sich ihren eigenen Kokon schaffen können – ein Haus (ich denke an Thomas Bernhards Leidenschaft für schöne, alte Bauernhäuser, die er renovierte), ein Atelier, eine Landschaft. Stifters Erzählungen sind eine Fundgrube, wie er sich solche Kokons vorstellte – in der „Narrenburg" das geschichtsmächtige Schloss, im „Nachsommer" die Landgüter, im „Hagestolz" das Inselkloster.

Es ist hilfreich, wenn sich Hochbegabte von der Größenvorstellung verabschieden, dass sie nicht auf stützende Strukturen angewiesen sind. Sie können durchaus „normal" wirken, eine normale berufliche Leistung bringen, eine unauffällige, freilich auch nicht herausragende Kreativität entwickeln, ohne jemals zu lernen, ihre Fähigkeiten sinnvoll einzusetzen, keine Energie zu vergeuden und schrittweise vorzugehen.

Der Hochbegabte wirkt auf sich selbst und auf andere so, als könnte er zaubern. Deshalb zaubert er oft auch und lernt nichts wirklich gründlich. Er ist schließlich mit seinen Improvisationen immer noch schneller und besser als andere, die ihr Handwerk gelernt haben. Nehmen wir ein einfaches Beispiel: Eine hochbegabte Autorin macht sich über die Sekretärinnen in der Redaktion lustig, die systematisch lernen, mit zehn Fingern zu tippen. Sie schreibt mit zwei Fingern ebenso schnell, ja schneller. Warum soll sie sich mit einer Anleitung und mit dem schrittweisen Üben abgeben, die notwendig wären, um ihre Schreibfertigkeiten wirklich auszuschöpfen!

Besonders günstig ist es, wenn es gelingt, die Übung der eigenen Fähigkeiten zu einem lustvollen, spannungsmildernden

Geschehen zu machen, zu einer Art Meditation. Von Michelangelo wird erzählt, dass er so begeistert von der Arbeit mit dem Meißel war, dass er auch jene Steinmetzarbeiten selbst erledigte, die jeder andere zu Reichtum und Ehren gekommene Bildhauer an Gehilfen abtritt. Einmal schenkte ihm sein Freund und Schüler Vasari einen Hut aus Pappe, auf den man eine Kerze stecken konnte, deren Licht dem Künstler half, dass er auch nachts nicht auf seine Lieblingsbeschäftigung verzichten musste.

Goethe berichtet von der großen Hilfe, die schönes Papier und gute Federn für den Dichter bedeuten. Ein eigener Arbeitsraum, mindestens ein Winkel für Staffelei, Schreibtisch oder Töpferscheibe sind banale, aber äußerst hilfreiche Strukturen, um die eigenen Fähigkeiten systematischer zu entfalten. Wer sich selbst einredet, wahre Kreativität brauche keinen solchen Halt und kein äußeres Entgegenkommen, pflegt seine Grandiosität auf Kosten seiner produktiven Leistungen.

Im Umgang mit anderen Menschen wie mit eigenen künstlerischen Werken geht es darum, liebevoll und kritisch mit dem sensiblen, störbaren Prozess des Werdens umzugehen. Was wird, ist noch nicht, es kann sich noch nicht selbst verteidigen und andere durch seinen Glanz beeindrucken. Daher ist es unendlich hilfreich, eine Vision zu entwickeln, die das Bestehende verbessert, und sehr zerstörerisch, das Bestehende zu entwerten, weil es unvollkommen ist.

Das Dranbleiben der Mutter an dem verletzlichen, unfertigen Kind gleicht dem Dranbleiben des Künstlers an seiner Arbeit. Beide Vorgänge gehorchen demselben Gesetz, beruhen auf eng verwandten seelischen Strukturen.

9. Kapitel
Dranbleiben zwischen Burnout und Flucht

Der „Burnout" ist ein vor allem in den sozialen Berufen gefürchtetes Phänomen, das aus idealistischen und engagierten Anfängern binnen weniger Jahre ausgebrannte, lustlose, müde Arbeitskräfte machen kann. An die Stelle der Freude am Beruf und einem Gefühl wachsenden Könnens treten (in milden Fällen) Wünsche nach mehr Freizeit und weniger Stress.

Wenn diese Wünsche z. B. wegen finanzieller Engpässe der Betroffenen, Personalknappheit und fehlenden beruflichen Alternativen nicht erfüllt werden, schreitet der Burnout fort. Die Arbeit fällt gleichzeitig schwerer und wird nachlässiger gemacht. Urlaub ist nur so lange eine Erholung, wie die Wiederaufnahme der Tätigkeit verdrängt werden kann. Typische Burnoutopfer reagieren auf berufliche Anforderungen aggressiv oder depressiv. Der Psychotherapeut beklagt sich zum Beispiel darüber, dass seine Patienten „schwierig" sind. Anscheinend würde er am liebsten normale, problemlose Leute behandeln!

Burnoutopfer versuchen, Freizeitelemente in die Arbeit einzuschmuggeln. Sie versorgen sich am Arbeitsplatz mit Klopapier und Briefumschlägen, Gratis-Telefonaten und Surfstunden im Internet – Versuche, das Ausbleiben der ersehnten Gehaltserhöhung zu kompensieren. Sie klagen ein konfliktloses, bestätigendes Team ein, sie sind häufig krank und wollen entweder nur ihre Ruhe haben oder nur bewundert werden.

Ein Gespräch, wie die Arbeit inhaltlich verbessert oder ökonomischer strukturiert werden kann, lehnen sie ab. In ausgebrannten Teams werden neue Mitarbeiter ignoriert oder überfordert, nicht begrüßt und eingearbeitet. Ausgebrannte Führungskräfte jammern über ihre unfähigen Mitarbeiter und schieben Entscheidungen vor sich her – sie sind so überlastet!

Die Untersuchungen, in welchen Situationen Burnout auftritt, lesen sich wie ein Anti-Lehrbuch zur Entwicklung von Professionalität. Bevorzugte Burnoutopfer sind Personen, die mit sehr hohen Idealen ausgerüstet werden und dann in ihrer Praxis keine Entwicklungsmöglichkeiten haben, sondern fremdbestimmt arbeiten sollen.

Auf diese Weise entsteht zum Beispiel der „Pflegenotstand". Von den ausgebildeten Krankenschwestern verlassen in der Regel mehr als 50 Prozent binnen der ersten zwei Jahre wieder diesen Beruf.[19] Ärztinnen bleiben demgegenüber ihrem Beruf in einem viel höheren Maß treu. Sie haben bessere Chancen, sich in ihrer Arbeit zu entwickeln und aus ihren Handlungen zu lernen. Viele Karrieremöglichkeiten stehen ihnen offen. Sie dürfen hoffen, ihr Arbeitsfeld zunehmend selbst zu gestalten.

Die bereits erwähnte „Dehnungsfuge", der Abstand zu der Aufgabe, an der ich dranbleiben will, bestätigt sich auch angesichts der Burnout-Problematik. Wer an einem starren Bild seiner Aufgabe klebt und sich nicht von ihr distanzieren kann, gerät unter so hohe Belastungen, dass seine Motivation zerbrechen kann. Eine Altenpflegerin, die sich vorstellt, alle Bewohnerinnen müssten durch ihre Arbeit glücklich, zufrieden und zugewandt werden, wird schnell ausbrennen, wenn sie sich von diesem Bild nicht verabschieden kann.

Sie kann nur dann an ihrer Aufgabe dranbleiben, wenn sie akzeptiert, dass sie viele der Gepflegten nicht glücklich machen wird. Sie muss realistische Ziele finden und solche kindlichen Ideale verabschieden. Sie wird dann zum Beispiel erkennen, wie wichtig die Aufgabe ist, auch Unzufriedene zu betreuen und jede Person, für die sie Verantwortung trägt, nach ihren Kräften zu unterstützen. Sie wird auch lernen, sich nicht aufzuopfern, sondern mit ihrem Arbeitgeber und ihrem Team in einen stabilen Austausch zu treten, in dem Erholung und Freizeit ebenso ihren Platz haben wie Engagement und Entwicklung.

Wer in seiner Arbeit das Gefühl bewahrt, dass er in ihr jeden Tag etwas Neues lernen und sie professioneller leisten kann, brennt nicht aus, sondern bleibt an seiner Aufgabe dran. Dazu muss er aber auch bereit sein, sich jeden Tag von unrealistischen Ansprüchen zu verabschieden und die Kränkung zu vermeiden, die darin liegt, dass Austauscherwartungen von der Umwelt nicht erfüllt werden.

Im Burnout wird die Realität des Berufs verbrannt, weil die Illusion über den Beruf feuerfest ist. Im Dranbleiben werden die Illusionen über den Beruf zurückgenommen, um jene spezifische, stabilisierende Befriedigung zu erhalten, die darin liegt, etwas gut zu machen und nach einer professionellen Verbesserung Ausschau zu halten.

Gegen den Burnout helfen moralische Einreden nur wenig. Bessere Arbeitsbedingungen und vor allem eine höhere Achtsamkeit für die Reibungsverluste durch schlechte Führung sind wirksamer. Aber wenn wir ein Gegenmodell – eine Art Gegenfeuer – zum Ausbrennen suchen, finden wir es in der Entwicklung von Professionalität. Professionelles Arbeiten heißt nicht Wunder zu tun, sondern ein wissenschaftlich oder handwerklich fundiertes Können zu entwickeln, darauf stolz zu sein und sich auf dieser Grundlage von Rückmeldungen frei zu machen, welche die Professionalität nicht respektieren.

In traditionellen Gesellschaften waren der moralisch gute und der in beruflichen Anforderungen kompetente Mensch sozusagen identisch. In einer komplexen Gesellschaft reichen guter Wille und ethische Orientierung nicht aus. Es muss sich eine spezifische Haltung entwickeln, in der eine gesellschaftlich wichtige Leistung erlernt, überwacht und nicht nur nach bestem Gewissen, sondern auch nach bestem Wissen ausgeführt wird.

Das professionell Richtige gleicht manchmal dem emotional und intuitiv „Guten", aber es unterscheidet sich auch oft von ihm. Ein lehrreiches Modell ist die Triage („Drittelung"): Bei einer Katastrophe mit vielen Verletzten wird der gute Samariter versuchen, dem ersten Verwundeten zu helfen, zu dem er kommt. Der professionelle Sanitäter wird die tödlich Verletzten und die Leichtverwundeten beiseite lassen und sich nur jenen Opfern zuwenden, die er retten kann. So verhindert er, dass Menschen sterben, weil er seine Arbeitskraft schlecht einteilt; um das zu tun, muss er seine spontanen Hilfsimpulse steuern und sich an seinem Wissen orientieren.

Wer professionell arbeitet, sucht immer nach Lösungen, die seine Arbeitskraft erhalten und entwickeln. Er bleibt vor allem mit seiner Vernunft bei der Arbeit und konzentriert sich auf seine Aufgabe. Er verhält sich auch in seinen Erwartungen an das, was er im Austausch gegen seinen Einsatz erhält, professionell. Er erwartet Respekt für seine Arbeit und sein Können, Anerkennung für seine Leistung, aber er ist auch auf Unzufriedenheit gefasst und in der Lage, mit ihr professionell umzugehen. Er will nicht ausschließlich Bewunderung und Liebe ernten. Daher ist er auch nicht gekränkt, wenn diese ausbleiben.

Manchmal wird eine solche Haltung mit einer kalten, distanzierten Umgangsform identifiziert, als sei es egal, ob professionelle Arbeit von einem Menschen oder einem Roboter geleistet wird. Aber zur professionellen Arbeit von Menschen mit Menschen gehören Einfühlung, Freundlichkeit, Höflichkeit und Rücksichtnahme; sie zu verweigern, ist für Lehrer, Verwaltungsbeamte oder Pflegende unprofessionell.

Der Sklave arbeitet aus Angst vor der Peitsche, der ungelernte Arbeiter aus Angst vor Hunger und Kälte. Der Professionelle will das, wofür er bezahlt wird, gut machen und sich zusammen mit anderen daran beteiligen, dass sein Arbeitsbereich verbessert wird, dass er mit weniger Aufwand bessere Ergebnisse erreicht und an dem Erfolg beteiligt wird.

Wer seine Arbeit so sieht, ist vor Burnout geschützt. Er lässt sich nicht zum Opfer seiner Umgebung machen, sondern geht mit seiner Arbeitskraft unternehmerisch um. Freilich ist das dort leichter, wo die ausgeübte Profession Ansehen genießt und im Bewusstsein aller verankert ist, die mit der Person zu tun haben, die sie ausübt. Viele Berufe haben es demgegenüber ausgesprochen schwer, sich selbst zu professionalisieren. Das gilt vor allem für die Altenpflege. Sie wurde in der traditionellen Kultur von der unverheirateten, im Haus gebliebenen Tochter oder der Frau des Sohnes ausgeübt, der den Hof oder den Handwerksbetrieb übernommen hatte. Berufe, von denen allgemein geglaubt wird, dass das „jeder kann", gewinnen nur mühsam ein professionelles Profil.

Ein Arzt wird es sich verbitten, wenn ein medizinischer Laie ihm in seine Behandlung hineinkommandiert; ein Jurist wird einen naiven Einwand eines Nicht-Juristen gegen seine Gesetzesauslegung zurückweisen. Besonders burnoutgefährdete Berufe, wie Kranken- und Altenpflegerinnen, Erzieherinnen und

Sozialpädagogen haben sehr oft dieses Selbstbewusstsein nicht. Sie lassen sich von angemaßten Autoritäten beeindrucken.

Wenn der Jugendamtsleiter, ein Jurist, besser zu wissen glaubt, wie die familientherapeutische Betreuung einer Problemfamilie aussehen sollte, wird ihn die zuständige Sozialpädagogin respektvoll anhören und sich unter Umständen verunsichern lassen. Können wir uns das auch bei einer Chirurgin vorstellen, der ein Lateinlehrer erklären will, wie sie ihre Patientin operieren soll?

Die Betrachtung des Burnout kann die Untersuchung über das Dranbleiben in die gesellschaftliche Dimension hinein öffnen. Wie der Burnout ist auch das Dranbleiben ein Geschehen, das sich in einzelnen Menschen vollzieht, aber nicht allein von deren Willenskraft und Entscheidungsfreude abhängt, sondern auch von ihrer sozialen Umgebung.

Wer seelisch sehr belastbar ist, kann widrige soziale Umstände länger ausgleichen als der narzisstisch Belastete, Kränkbare oder Verunsicherte. Aber kein Mensch kann dauerhaft gut arbeiten, wenn ihm das Gefühl fehlt, mit anderen Menschen in einem vorwiegend positiven Austausch zu stehen.

Die elementarste Form des Dranbleibens ist die Beziehung zu anderen Menschen, angefangen von unseren Freunden oder Liebespartnern bis zu Kolleginnen oder Vorgesetzten im Beruf. Alle Beziehungen werden durch gelingenden Austausch gefestigt. Wenn ein Partner durch eine Nachlässigkeit oder einen Konflikt gekränkt ist und sich zurückzieht, wird sich in einer gelingenden Beziehung der andere Partner bemühen, diesen Rückzug aufzufangen. Er steigert seine Bemühungen, im Kontakt zu bleiben, bietet Gespräche über die Kränkung an, ist bereit, sich zu entschuldigen – gewiss, es gab ein kleines Problem, aber das kann doch nicht das große, positive Feld der Beziehung auslöschen.

In einer vom Burnout bedrohten Beziehung ist es gerade umgekehrt: Die kleine Kränkung, der winzige Rückzug werden nicht durch vermehrte, liebevolle Anstrengungen ausgeglichen, sondern dadurch vertieft, dass durch große Kränkungen und Trennungsdrohungen eine total kränkungsfreie Harmonie wiederhergestellt werden soll. Wenn der enttäuschende Partner nicht zu Kreuze kriecht, ist er nichts wert und soll sich zum Teufel scheren.

In beiden Fällen gilt das Bibelwort: Wer hat, dem wird gegeben; wer aber nicht hat, dem wird genommen. Wer viele gute Beziehungen hat, tut sich leicht, eine Krise durch Entgegenkommen und Kompromissbereitschaft zu entschärfen. Wer alles auf eine Person setzt und sich in seinem Selbstwert von ihr abhängig fühlt, gerät in Gefahr, die Krise durch wütende Drohungen und Kompromisslosigkeit zu eskalieren.

Wer in seinem Beruf vielfältige Aufgaben und damit verbunden Erfolgserlebnisse und Entwicklungsmöglichkeiten hat, wer sich von der Gesellschaft anerkannt und von seinen Vorgesetzten und Kollegen respektiert fühlt, der hat es nicht nötig, angesichts kleiner Kränkungen sein Engagement aufzugeben und sich zurückzuziehen.

10. Kapitel
Selbstverwöhnung und Selbstdisziplin in der Konsumgesellschaft

Das Dranbleiben steht für das Bestreben, die Realität so anzunehmen, wie sie ist. Wenn wir gekränkt und unzufrieden sind, wenn wir uns bedroht fühlen, wächst die Gefahr, nach Illusionen zu greifen, welche unser Leid verdrängen und unsere Kränkung verleugnen helfen. Aber diese Illusionen helfen nur kurze Frist – auf lange Sicht vertiefen sie die Schwierigkeiten, weil sie die Fähigkeiten schwächen, an den realen Möglichkeiten einer Veränderung dranzubleiben.

Gegenwärtig gibt es einige Bereiche, in denen solche Verleugnungen der Wirklichkeit und die Verweigerung des Dranbleibens bedrohliche Ausmaße angenommen haben. In der Konsumgesellschaft fällt es immer mehr Menschen schwer, sich an der Realität zu orientieren und ernsthaft über die Folgen ihres Verhaltens nachzudenken. Es ist ja nicht so, dass die Wirklichkeit überhaupt nicht wahrgenommen wird; es geht um das Paradox eines Handelns wider das eigene bessere Wissen.

Wie kann es geschehen, dass Menschen um die schädlichen, selbst lebensgefährlichen Qualitäten ihres Handelns wissen und doch darin fortfahren? Es ist sinnlos, einem Trinker oder Raucher zuzureden, dass er seine Gesundheit ruiniert: Er weiß es längst und kann doch nicht aufhören. Dieser Zusammenhang ist lange bekannt. „Der Weg zur Hölle ist mit guten Vorsätzen gepflastert", sagt ein Sprichwort.

Psychologisch gesehen, entsteht in diesen Fällen eine Art innerer Wettlauf zwischen den Kräften des Dranbleibens und jenen einer manischen Abwehr durch Realitätsverleugnung. Von manischer Abwehr sprechen wir dann, wenn etwa der Gekränkte behauptet, ihm mache das Geschehene gar nichts aus; wenn angesichts eines Unfalls im Risikosport einer sagt, der den gleichen Sport betreibt, ihm würde so etwas nie passieren; wenn der abgeblitzte Liebhaber behauptet, er sei unwiderstehlich, könne tausend Frauen haben, an diesem langweiligen Mädchen liege ihm nicht das Geringste.

Dranbleiben und manische Abwehr[20]

Die Fähigkeit zur manischen Abwehr dient an sich dem menschlichen Überleben. Sie ist ein Schutz vor dem Schatten, den unsere Intelligenz auf unser Bewusstsein werfen könnte, wenn wir alle Einsichten in vollem Umfang zuließen. Ohne die Illusionsfähigkeit von Erwachsenen wäre die Menschheit wohl zum Aussterben verurteilt. Jede Generation von Eltern lässt sich beispielsweise wieder von der Hoffnung leiten, dass Kinder so werden, wie es die Eltern erhoffen. In dem Prozess des Abtrauerns dieser Illusion entsteht dann eine tragfähige Elternschaft – oder auch nicht.

Die Hoffnung der Eltern, von Kindern Freude und nicht Schmerz zu ernten, ist selbst ein kindlicher Traum von heilen, guten Weltanfängen. Wir brauchen diese irrationale Überzeugung, dass es schon gut gehen wird, um Elternschaft überhaupt zu riskieren. Die Fähigkeit, dort der Vernunft zuwiderzuhandeln, wo es um Fortpflanzung geht, ist wohl auch ein Motor dafür, dass wir technische Neuerungen und wirtschaftliche Prinzi-

pien in die Welt setzen, die uns ähnlich zerstören, wie es verwöhnte, ungezogene Kinder tun können. Auch von diesen haben
die Eltern ja einmal geglaubt, sie würden sie glücklicher machen.

„Es ist kein Zufall", sagt Hans Peter Dreitzel, „dass in der
psychotherapeutischen Literatur immer wieder Depression,
die Unfähigkeit zu fühlen, und Narzissmus, die Unfähigkeit,
sich hinzugeben, als die häufigsten psychischen Störungen in
den Industriegesellschaften genannt werden. Wenn auf dieses
abgestumpfte emotionale Sensorium eine akute Bedrohung
trifft, braucht die depressiv-narzisstische Haltung nur verstärkt zu werden, um die Angst zu vermeiden."[21]

Die Unfassbarkeit der Bedrohungen – zum Beispiel unsichtbare Dioxide oder atomare Falloutpartikel nach der Explosion
des Reaktors in Tschernobyl – und die Unverhältnismäßigkeit
ihrer Reichweite angesichts der eigenen Freiheitsräume stumpft
uns ebenso ab, blockiert unser Dranbleiben, wie das tägliche
Katastrophenspektakel in den Medien. In diesem Zusammenhang greift Dreitzel die Thesen des amerikanischen Neoana-
lytikers Ralph White auf. Dieser beschrieb den Abwehrmecha-
nismus der selektiven Unaufmerksamkeit, eines geistigen
Ausblendens und emotionalen Nicht-Spürens, das sich auf vier
aktuelle Bereiche richtet: die Gefahr des Krieges mit nuklearen
Waffen, die Mängel in unserer Umweltbeziehung, die Menschlichkeit unserer Feinde und die eigenen Schuldgefühle.

Sigmund Freud selbst hat, ehe er es besser wusste, die Mor-
phiumsucht eines Freundes mit Kokain behandelt – und ihn
dadurch nicht geheilt, sondern noch süchtiger gemacht. Es
scheint der Fortschrittsgesellschaft konstitutionell unmöglich,
ihre regressiven Risiken einzuschätzen. Jeder hätte das wissen
können, keiner hat es wissen wollen, und der nachträgliche
Vorwurf ist so universell wie der anfängliche Überschwang.

Die Rückkehr des Terrors und die narzisstische Regression

Vor zwanzig Jahren dachte wohl niemand ernsthaft darüber nach, dass auch in bereits entwickelten Ländern noch einmal Nationalismus und Religionskriege ganze Landstriche verwüsten würden. Ähnlich überrascht uns die Gewalt gegen Fremde im eigenen Land; sie erweckt Erinnerungen an eine Vergangenheit, die viele überwunden glaubten. Als am 11. September 2001 Selbstmordattentäter Passagierflugzeuge in Bomben verwandelten, zerbrachen zwei weitere Illusionen: Terroranschläge hätten etwas mit berechenbaren politischen Zielen zu tun; Friedenstechnik sei etwas anderes als Kriegswaffen.

Im Grunde hätten wir es besser wissen können. Die Geschichte ist reich an Beispielen von Rückentwicklungen. Wenn wir sie eine Generation lang nicht in unseren eigenen Grenzen hatten, heißt das nicht, dass es sie nicht mehr gibt. Dennoch scheinen die gegenwärtigen Auflösungserscheinungen eine neuartige Qualität zu haben. Diese hängt damit zusammen, dass in großen, über die politische Dynamik ganzer Kontinente entscheidenden Staaten Rückentwicklungen unübersehbar sind. Der Lebensstandard und die wirtschaftliche Produktivität sinken, die Kriminalität steigt, Politscharlatane, denen man nach den Erfahrungen mit Stalin, Hitler oder Mussolini jede Wirkung auf ein Massenpublikum abgesprochen hätte, gewinnen Mehrheiten in Wahlen.

Der Fortschritt besitzt eine unheimliche Qualität. Er beraubt die Menschen ihrer Heimat, indem er ihnen eine bessere verspricht. Wenn sie schließlich feststellen, was er sie gekostet hat, und sich zurücksehnen nach dem Paradies, von dem sie erst wissen, sobald sie es verloren haben, dann gibt es nur eine

Möglichkeit, sich vor Verzweiflung zu schützen: Die Hoffnung zu wecken, dass es nicht der Fortschritt selbst war, der das Paradies zerstört hat, sondern seine Unvollkommenheit, seine Unvollständigkeit, die Tatsache, dass er auf halbem Weg stehen geblieben ist.

Wenn wir einige der geistigen Bewegungen betrachten, die seit dem Beginn einer immer stärkeren Beschleunigung des Fortschritts als Trost und Hilfe ersonnen wurden, können wir in ihnen Versuche erkennen, das Heimweh der Menschen zu beschwichtigen, ohne ihnen zu vermitteln, dass sie Unersetzliches verloren haben und insgesamt auf einem höchst gefährlichen Weg sind. Diese Trostmittel sind gefährlich, weil sie dem Dranbleiben im Weg stehen und leichtgläubige Menschen in Gefahr bringen, illusionäre Ziele mit Gewalt durchsetzen zu wollen.

In diesen Versuchen ist es immer wichtig, einen Schuldigen zu finden, der als Sündenbock dienen kann, und eine Hoffnung zu wecken, man werde durch rücksichtslosen Kampf ein neues Paradies schaffen. Robespierre hat in den Adeligen diesen Sündenbock gefunden, Stalin in den freien Bauern, Pol Pot in den Städtern, Hitler in den Juden, die religiösen Fundamentalisten in den Ungläubigen. Jeder dieser Führer hat auch Vorstellungen entwickelt, was geschehen müsse, um die Menschen von ihrer Heimatlosigkeit in der Gegenwart zu heilen und ihnen eine Zukunft zu verschaffen, in der sie ohne das böse neue Fremde geborgen sein würden.

Inzwischen ist vielen Einsichtigen deutlich geworden, dass Stalinismus und Faschismus ihre Anhänger nicht in das Paradies bringen, im Gegenteil. Die Hoffnungen, welche viele Menschen gegenwärtig in einen religiösen Fundamentalismus setzen, sind noch nicht grausam enttäuscht; sie bedrohen uns. Es ist nicht leicht, sich damit zu trösten, dass diese Heilslehren selbst das Übel sind, dessen Auflösung sie uns versprechen. Vielleicht werden wir uns dann im Fortschritt beheimaten können, wenn wir sie endgültig besiegt haben?

Wer die Szene betrachtet, muss zu dem Schluss kommen, dass der Kampf zwischen der Spaltung (dem seelischen Prinzip, das wir mit der Geschichte von Hans im Glück illustriert haben) und dem Dranbleiben nicht entschieden ist. Im Gegenteil: es kommen neue Spaltungen hinzu. Wenn Christen einmal geglaubt haben, ihre Religion sei gegen fundamentalistische und terroristische Anwandlungen gefeit, so müssen sie nicht lange suchen, und sie finden die bösartigsten Spaltungen auch in der Welt der Bibelgläubigen.

Nehmen wir ein Beispiel aus den „liberalen" USA, das zeigt, wie sich religiöser und politischer Fundamentalismus miteinander verbinden.

Jesus Christus war kein Jude, sondern Arier.

Die Arier sind die verlorenen Stämme Israels.

Weiße Angelsachsen und nicht Juden sind das auserwählte Volk.

Die Vereinigten Staaten sind das Gelobte Land.

Die Juden sind Schwindler und Kinder Satans, die ausgerottet werden müssen.

Die Regierung in Washington verrät gemeinsam mit den Juden und der UNO die eigenen Leute.

Es tobt eine Schlacht zwischen den Kindern der Dunkelheit (den Juden und Farbigen) und den Kindern des Lichts, der arischen Rasse, dem wahren Israel der Bibel.

Wenn erst das Papiergeld und die staatlichen Steuern abgeschafft sind und es keine Regierung über der Kreisebene mehr gibt, werden wir uns endlich wieder in Gottes eigenem Land zu Hause fühlen können.

Diese Glaubensartikel, die auf den Kongressen der Aryan Nations[22] in den USA vehement vertreten werden, sind im Prinzip denen der islamischen Fundamentalisten eng verwandt. Auch dort gibt es eine einfache Teilung der Welt in gute Rechtgläubige und schlechte Ungläubige. Wenn die Rechtgläubigen endlich die Macht gewinnen, die ihnen zusteht, dann werden paradiesische Verhältnisse einkehren, wie sie zu der Zeit herrschten, als das Kalifat noch bestand und der Herrscher dieser Welt auch der Herrscher aller Gläubigen war.

Unfähige und korrupte Angehörige der eigenen Religion haben nach fundamentalistischer Überzeugung zu früh den heiligen Krieg beendet. Alles Leid wird auf den nicht errungenen, aber möglichen Sieg zurückbezogen. Es gibt keinen anderen Ausweg, als den heiligen Krieg wieder zu beginnen und bis zum Ende auszufechten, dann wird das Paradies unser sein.

Es ist sinnlos, nach einer typischen Persönlichkeit „des Terroristen" zu suchen. Wer wollte den Ideologen und den Mitläufer, den Idealisten und den Berechnenden, den Gläubigen und den Zyniker auf einen Charaktertypus bringen? Sie alle finden wir in den Berichten über terroristische Gruppen und in den Biographien der Täter. Sinnvoll aber ist es, nach den psychologischen Mechanismen zu suchen, die im Hintergrund des terroristischen Verhaltens wirken.

Hier scheint eine Verbindung zwischen der Sehnsucht nach einem früheren Zustand und dem Kampf gegen einen übermächtigen Feind, der einer Erfüllung dieser Sehnsucht im Weg steht, eine zentrale Rolle zu spielen. Was Terroristen in die Zukunft projizieren, ist meist sehr vage – konkrete politische Reformen sind ihre Sache nicht. Es geht ihnen darum, ihren Kampf um ein verlorenes Paradies auszufechten, wobei sie stets in Gefahr sind, die in den Massenmedien gewonnene Aufmerksamkeit für diesen Kampf und die Störung der selbstzufriedenen („paradiesischen") Ruhe ihrer Feinde mit einem Erfolg in diesem Kampf zu verwechseln. Die riesige Aufmerksamkeit der Medien wird als der erste Schritt zu einem Sieg missverstanden. Wenn deutlich wird, dass diesem ersten Schritt kein zweiter folgt, dann führt die Logik des Terrorismus (die eine regressive Logik ist, d. h. Lösungen immer in einer noch lauteren Wiederholung des Schreis nach Aufmerksamkeit sucht) dazu, die spektakuläre Aktion zu steigern.

Bis heute ist die Spaltung der Welt in ein Reich Gottes und ein Reich Satans ein geistiges Urmuster des Terrorismus geblieben. Gewalt ist eine absolute Kategorie. Wer einem Mitmenschen den Schädel einschlägt, kann das nicht rückgängig machen, und um dazu bereit zu sein und alle in einer normalen Biographie erworbenen Rücksichten und Einfühlsbereitschaften aufzugeben, ist ein primitives Muster von schwarz und weiß notwendig.

In dieses Modell können unterschiedliche Inhalte eingesetzt werden – Irland den guten Iren, nicht den bösen Briten, Baskenland den guten Basken, nicht den bösen Spaniern, Ackerland den guten Landarbeitern, nicht den bösen Grundbesitzern. Und immer sind die Bösen wie Tiere, wie Ungeziefer, sie sind „Schweine und Affen" (die Juden in der Hamas-Rhetorik), „Hunde" (wie die Araber in der Rhetorik jüdischer Fanatiker), Abschaumvölker und Rassenverräter (wie alle Nichtarier in der Rhetorik der Aryan Nations).

In den Mythen wird das Paradies von einem Cherub, die Unterwelt von einem dreiköpfigen Hund bewacht. Im terroristischen Mythos ist es der Hund, das Ungeziefer, der Abschaum, die zwischen den Guten und ihrem Paradies stehen. Sobald sie vernichtet sind, wird das Paradies zugänglich werden. Sollte das bedeuten, dass dieses Paradies die Hölle ist?

Der praktizierte Terrorismus bringt Täterinnen und Täter in eine traumatische Situation, welche die immer wieder beobachtete Spirale der Gewalt beschleunigt. Es ist eine Illusion, anzunehmen, dass es ohne Folge bleibt, mit einer Pistole unter dem Kopfkissen zu schlafen und in jedem Unbekannten einen Feind zu vermuten. Wer so lebt, wird regressive Entwicklungen zementieren. Es fällt ihm immer schwerer, an der Vielfalt der Wirklichkeit und kultureller wie gesellschaftlicher Prozesse dranzubleiben. Terrorismus ist nicht nur die Folge, sondern auch eine zentrale Ursache der narzisstischen Regression. Je mehr sich der Terrorist in seine Sprache der Gewalt vertieft, desto blinder wird sein Aktionismus, desto undifferenzierter sein Denken. Am Ende ist die einzige Form, in der er noch dranbleiben kann, die Zerstörung. Je mehr er zerstört, desto höher steht er in der Rangordnung der kleinen, im Untergrund operierenden Gruppen.

Der seelische Prozess, in dem Terroristen das werden, was sie sind, hat typische Eigenarten, auch wenn sich die Täter in ihren Persönlichkeiten und die Gruppen in ihrer Struktur erheblich unterscheiden. Dabei ist es sehr wichtig, festzuhalten,

dass die „terroristische" Reaktion im Grunde nicht erklä-
rungsbedürftig und interessant ist. Sie ist regressiv, primitiv,
elementar, und sie hat mit Mut wenig zu tun. Wenn sie uns so
auffällt, dann liegt das daran, dass in einer modernen Gesellschaft primitive Gewaltlösungen so selten geworden sind, dass
wir sie für etwas Besonders halten und versäumen hinzuzufü-
gen, dass sie so auffällig und besonders sind wie ein Fehler in
einem Gewebe oder die Lücke in einem Text.

Terror entspricht der ursprünglichen, infantilen Reaktion
auf Kränkungen. Der Sinn dieser elementaren Reaktion, die
sich in jeder narzisstischen Wut wiederholt, ist eine Zeichen-
setzung. Möglichst viele Menschen sollen wissen, dass etwas
nicht so sein sollte, wie es ist, es muss ihnen um jeden Preis
klargemacht werden. Wer seine narzisstische Wut nicht be-
herrscht, wird immer weit über die erlittene Kränkung hinaus
zurückschlagen, um zu verdeutlichen, dass sie niemals hätte
geschehen dürfen.

Daher ist das Gesetz des Talion („Auge um Auge") auch ein
Gesetz *gegen* die narzisstische Wut, eine – zugegeben primitive – Hilfe, an der Realität dranzubleiben. Wem ein Auge
ausgeschlagen wurde, dem wird unmittelbar klar sein, dass
gegenüber dem Wunsch, dass das nicht geschehen wäre, die
Möglichkeit der Rache immer zu gering sein wird, ob er nun
im Gegenzug ein Auge oder tausend Augen zerstört.

Die seelische Entwicklung findet auch in einer Abfolge von
Kränkungen statt. Die seelischen Strukturen, welche uns helfen, Kränkungen so konstruktiv wie möglich zu verarbeiten,
bilden sich langsam und sind immer von Regressionen bedroht.
Das Kind ist auf Selbstobjekte – Personen, die seine Kränkbar-
keit berücksichtigen – angewiesen. Das gleiche gilt für den Erwachsenen, meist mehr, als er es sich wünscht.

Seelische Traumatisierungen entstehen immer dann, wenn die Versorgung mit solchen Objekten nicht ausreicht. Besonders schlimm ist es, wenn sie sozusagen in ihr Gegenteil umschlägt und Personen in das eigene Selbst eindringen, die ihm nicht wohl, sondern übel wollen, wie im Fall von kindlichem Missbrauch, Vergewaltigung oder Folter.

Damit geht der Reizschutz verloren, es entstehen erhöhte Ansprüche an Selbstobjekte. Da diese oft nicht erfüllt werden, sind traumatisierte Personen in großer Gefahr, erneut verletzt zu werden, weil sie auf kleine Kränkungen mit großer Wut reagieren und so jene Menschen von sich abstoßen, an deren Zuwendung ihnen an sich gelegen ist.

Die terroristische Karriere lässt sich als eine Karriere von Kränkung und Kompensation nachzeichnen. Wer z. B. aus familiären Gründen wenig belastbar ist, kann sich dadurch erholen, dass er in der Schule, in einer Ausbildung, in eigener Kreativität einen Ausgleich entwickelt.

Der Terrorist wird sich in keinem einzelnen biographischen Merkmal von anderen Personen unterscheiden, wohl aber in einer Sequenz, in der seine Fähigkeit, Kränkungen ohne Regression auf Gewaltausübung zu verarbeiten, blockiert wurde. Wer eine belastete Kindheit hat, wird deshalb kein Terrorist. Wenn aber jemand mit einer erhöhten Verwundbarkeit in eine politische Situation gerät, die ihn massiv kränkt und gleichzeitig Möglichkeiten anbietet, eigene Gewaltausübung zu legitimeren, ist er höher gefährdet als eine vergleichbare Person ohne solche Vorbelastungen. Aber auch wer bereits als Terrorist agiert hat, kann unter konstruktiven Einflüssen – z. B. einer Liebesbeziehung, einem politischen Asyl im Ausland – diese Karriere aufgeben und wieder in eine normale Kränkungsverarbeitung zurückfinden.

Der Terrorist und der Suizidale sind sehr eng verwandt – wie eng, das zeigen die Selbstmordattentate und die Amokläufe. Beiden gemeinsam ist ein aggressives Heimweh. Der Suizidale sucht das Paradies im Tod: – „endlich werde ich Ruhe haben, endlich von allen Kränkungen verschont sein!" Der Terrorist sucht es in der Zerstörung der Dämonen, welche ihm den Eingang zu einem irdischen Paradies versperren – zur befreiten Gruppe, zur gerechten Gesellschaft auf Erden. In der Ideologie der islamistischen Selbstmordbomber ist beides verschmolzen: Im Akt der blinden Destruktion vernichtet der Täter die angeblichen Feinde seiner irdischen Heimat und sprengt sich ins Paradies.

Voraussetzung für solche Entscheidungen sind immer regressive Neigungen. In der ersten literarischen Darstellung eines suizidalen Narzissmus hat Shakespeare in Hamlets Monolog „Sein oder Nichtsein" diese Spannung formuliert: Soll der Held die Kränkungen, „die Pfeil und Schleudern des wütenden Geschicks", ertragen und an den Aufgaben dranbleiben, die ihm von der Realität gestellt werden, oder soll er sich gegen sie wappnen, indem er sein Leben beendet?

Hamlet tötet sich nicht, weil er sich vor seinen Träumen im Todesschlaf fürchtet. Wer aber nicht an solche Träume glaubt, wird es in einer Krise tun – und wer gar glaubt, dass sein Tod die Tür zum Paradies der Märtyrer ist, für den reicht wohl schon eine kleine Kränkung, eine Verunsicherung seiner Lebensperspektive aus, und er wird bereit werden, sich zu töten. In der verunsicherten, verarmten, für viele Jugendliche perspektivlosen Welt der palästinensischen Flüchtlingslager kann die Hamas mit ein wenig Indoktrination aus jungen Menschen, die sich anderswo ihrer beruflichen Karriere und ihrer ersten Liebe zuwenden, selbstmordbereite Attentäter schmieden.

Der Selbstmord ist ein Thema, das mit dem Dranbleiben eng zusammenhängt. Wie deutlich geworden ist, fordert das Dranbleiben einen flexiblen Umgang mit Zielen und die Bereitschaft, hoch gespannte Erwartungen an Glück, Erfolg, Leistung mit der Realität zu versöhnen. Der Selbstmörder ist dazu nicht in der Lage. Auch für einen Suizid gibt es keine „typische Persönlichkeit", dennoch sind die Forscher hier viel eher in der Lage, zu akzeptieren, dass psychologische Faktoren sehr wichtig sind (was beim Terrorismus umstritten ist).

Das liegt wohl daran, dass die Abhängigkeit des Selbstmords von der sozialen Umwelt nur selten (etwa angesichts massiver Verfolgungen, wie während der NS-Zeit bei den europäischen Juden) einen politischen Akzent gewinnt, während dieser beim Terrorismus unübersehbar ist. Aber es ist kein Zufall, dass terroristische Aktionen meist dort entstehen, wo Menschen über längere Zeit in einer chronischen Kränkungssituation leben, in ihren Rechten und Entwicklungsmöglichkeiten eingeschränkt werden oder sich wenigstens so erleben.

Denn eine Kränkung ist keine objektives Ereignis, sondern das Ergebnis einer Beziehung zwischen Anspruch und Umwelt. Wenn sich ein verarmter Millionär erschießt, glauben wir zu verstehen, dass er mit seiner Armut nicht fertig geworden ist. Aber wenn sich der mit einer Millionenabfindung entlassene Konzernmanager erschießt, passt diese Erklärung nicht mehr. Je höher der Anspruch, desto größer das Kränkungsrisiko. Je heftiger die vorherige Kränkung, desto höher der Anspruch.

Jahrzehntelang hat die arabische Welt Israel bedroht und ihm das Existenzrecht abgesprochen. Jetzt sind die Israelis in einer Weise unbescheiden geworden, die bedrohlich anmutet – sie wollen Jerusalem ganz und gar und für immer. Vor vierzig

Jahren wären sie mit einem UN-Mandat über die heilige Stadt der drei großen Religionen noch zufrieden gewesen.

Mit Drohungen und Gewalt lässt sich niemand in seinen Ansprüchen zurückdrängen – im Gegenteil: Er steigert sie. „Wer Wind sät, wird Sturm ernten!" Erst wenn gekränkten Menschen eine Zukunft, eine Entwicklungsmöglichkeit, ein Stück Gerechtigkeit angeboten wird, haben manche von ihnen die Möglichkeit, aus diesem Teufelskreis auszusteigen. Dass das möglich ist, zeigen soziale Konflikte, deren Brisanz sich entschärft hat. In Südtirol werden keine Bomben mehr gelegt. Die Flüchtlinge aus dem Sudetenland leben nicht mehr in Lagern und haben längst dem Gedanken an Rache abgeschworen.

Warum konnten diese Flüchtlinge, die doch ebenfalls massiv gekränkt waren und alles verloren hatten, ihr Schicksal verarbeiten? Sie wurden in ihren schöpferischen Fähigkeiten ermutigt und erhielten Chancen, sich in ihrer neuen Umwelt zu entwickeln. Vor allem aber versprach ihnen niemand, dass sie schon im nächsten Jahr zurückkehren und dem verhassten Feind mehr rauben könnten, als er ihnen geraubt hatte.

Genau diese Mischung von starken Grenzen für Regressions- und Rachebedürfnisse und guten Chancen, sich in der neuen Situation zurechtzufinden, haben die palästinensischen Flüchtlinge nicht bekommen. Sie wurden in Lager eingeschlossen, notdürftig versorgt, ohne eine andere Perspektive als das von Jahr zu Jahr immer unrealistischere Versprechen, die Feinde Israels könnten Palästina zurückerobern. Eigentlich müsste man sich eher wundern, dass die Saat des Terrors so spät und so spärlich aufging.

Die Rückfälle in Barbarei hängen damit zusammen, dass sich eine Einstellung ausbreitet, in der frühere Einschränkungen plötzlich unerträglich scheinen. Der allgemeine Anspruch an eine bequeme, reine Welt scheint ebenso gewachsen wie die Enttäuschungswut und die Rachewünsche, wenn sie nicht zuhanden ist. So bauen gesellschaftliche Gruppen Erfahrungen der Benachteilung aus und suchen für tragische Verstrickungen den plakativen Schuldigen.

Die Schwelle zur Gewalttätigkeit wird dabei nicht immer durch eine dem Bewusstsein zugängliche Absicht, zu rauben und zu plündern, überschritten. Aber diese Bedrohung liegt in der Luft: Die zum Feindbild gemachten Anderen verzehren parasitär, was besser bei der eigenen Gruppe untergebracht wäre, wollen uns berauben und ausrotten. Es ist sozusagen eine sauer gewordene Gier, ein Gefühl, bedroht und im Hintertreffen zu sein, welches Aggressionen motiviert.

Schon vor vielen Jahren haben sich Regressionen in eine von Hass und Blutrache bestimmte Welt in Nordirland oder im Libanon vollzogen. Die Dynamik ist meist ähnlich: Die Bereitschaft, ein gewisses Maß an gegenseitiger Beschädigung und Einschränkung zu ertragen, nimmt ab. Eine Seite definiert sich als Opfer und macht auf die Gegenseite den Eindruck, sie wolle nicht nur Ausgleich, sondern Rache, die schadlos macht. Daher droht die Gegenseite zurück, will keinen Fingerbreit nachgeben, um keinen Preis auch nur über Unrecht verhandeln, das früher immerhin als Möglichkeit zugestanden wurde.

Das Ideal wird nun plötzlich eine genaue räumliche Trennung zwischen bisher in einem Zustand erträglicher Feindseligkeit gemischten Gruppen. Auch in friedlicher Vergangenheit war es in Nordirland für einen Katholiken nicht ratsam, sich in ein protestantisches Mädchen zu verlieben, so wenig, wie eine kroatische Familie den serbischen Schwiegersohn mit Freude empfing, eine Christin im Libanon dem Werben des Maroniten folgen oder ein griechisches Mädchen auf Zypern tiefer in die schönen Augen eines türkischen Mannes blicken durfte. Dennoch überwog die Bereitschaft, Versagungen zu ertragen und die unweigerlichen Ärgernisse einer kulturellen Durchmischung in Kauf zu nehmen, weil sich so das größere Übel vermeiden ließ.

Wir können gesellschaftliche Bewegungen nicht durch psychologische Mechanismen erklären. Aber die Psychologie kann helfen, ihre Dynamik besser zu verstehen und in Teilabschnitten auch Lösungen zu entwickeln. Das Versagen im Dranbleiben spielt eine wesentliche Rolle dabei, die Schwelle für kollektive Regressionen niedrig zu halten.

Obwohl wir in der postmodernen Konsumgesellschaft mehr über die Realität wissen als alle Generationen vor uns und sich dieses Wissen angeblich alle fünf Jahre verdoppelt, greift bei vielen Gruppen ein bedrohlicher Verlust der Fähigkeit um sich, sich an der Realität zu orientieren und sich im eigenen Handeln nicht von regressiven Illusionen leiten zu lassen.

Autos haben freie Straßen, Raucher sind jung und gesund, Medikamente heilsam, Operationen erfolgreich. Unsere Entscheidungen sind einfach: Wir müssen aus dem jeweiligen Guten wählen, das uns zusteht, und das Böse bekämpfen, welches uns hindern will, es zu haben. Nach eben diesem Prinzip funktioniert die Dramaturgie der populären Musik und die der Kriminal- und Familienserien.

Ich sagte oben, dass es zur Dogmatik der Werbung gehört, uns den Eindruck zu vermitteln und ihn mit tausend kleinen Botschaften zu verfestigen, dass wir die Möglichkeit, aber auch die Aufgabe haben, eine reine, ungetrübte, uneingeschränkte Befriedigung zu finden. Diese Dogmatik wird durch eine riesige Medienmacht im Dienst der Konsumgüterproduktion verstärkt, die praktisch den einzigen gesellschaftlichen Bereich darstellt, in dem noch ungebrochen von Fortschritten die Rede sein kann.

Die konsumfördernde Illusion lautet, Dranbleiben und Regression seien problemlos unter einen Hut zu bringen. Der ehrwürdige (und unlösbare) Konflikt des deutschen Idealismus, Pflicht gegen Neigung, signalisiert dann nur noch einen Zwangscharakter oder Ungeschick. Diese Illusion wird durch die Reklameindustrie überoptimal dargestellt. Diese geistige Verwirrung arbeitet demagogischen Tendenzen in die Hände. Der Alltag ist Propaganda für die Bereitschaft, auszugrenzen und loshaben zu wollen, was nicht in das von einem naiven Lustglauben bestimmte Bild passt.

Mit wachsendem Wohlstand und wachsender Prägung der Massen durch die Konsumwerbung nimmt in den Industrieländern durchweg auch die Kriminalität zu. Sie ist eine vertraute Form des Bürgerkriegs, ein Mikro-Terrorismus, den wir so lange für harmlos halten, wie er uns nicht persönlich trifft.

In ihrer Praxis sind viele moderne Bürgerkriege mit ihren terroristischen Organisationen von großer Kriminalität kaum zu unterscheiden. Die Übergänge von einzelnen Dieben, Einbrechern oder Räubern zu den organisierten Gruppen der Mafia, den Drogenbaronen in Pakistan oder Bolivien, den Generalen von Guerilla-Heeren und Potentaten von Einparteienregimes sind fließend.[23]

Allen gemeinsam ist die Neigung, Gesetze und Abstimmungen nur so lange zu respektieren, wie sie im eigenen Sinne ausfallen. Der Verlierer einer Wahl, der sich während des Wahlkampfes zu den demokratischen Grundsätzen bekannt hat, verwandelt sich chamäleongleich zum Räuberhauptmann und kehrt an der Spitze seiner Kämpfer, die zu entwaffnen er nur versprochen hatte, in die von ihm „befreite" Provinz zurück. Ähnliche Verhaltensweisen lassen sich in Skandalen der Demokratien erkennen – etwa in der Barschel-Affäre oder im Watergate-Skandal.

Die Konsumgesellschaft ist nicht durch die Gier entstanden, sondern die Gier ist das Produkt einer Wechselwirkung mit gesellschaftlichen Strukturen, die durch persönliche Entscheidungen nicht abgeschafft werden können, weil sie nach den bisherigen Erfahrungen immer mehr Personen vereinnahmen, als sich kritisch von ihnen distanzieren können. Psychologische Kategorien – etwa Triebe, Motive oder Interessen – gehen von einem individuellen Bedürfnisträger aus. Dieser ist gewiss die Realität, der sich unsere Forschung zuwenden kann. Aber diese Forschung wird die wesentlichen Aspekte nicht erfassen, wenn sie nicht die Verlötungen der individuell fassbaren Wünsche mit den kollektiven Strukturen einbezieht.

Diese enthalten sowohl die soziale Verfasstheit unserer Welt wie vor allem auch Dinge, Waren, Maschinen, Gebäude. Menschen gehen mit Gütern eine Verbindung ein, die den Liebesbeziehungen zu anderen Personen gleicht. Aus diesem Grund ist es auch unmöglich, von zeitlosen Bedürfnissen zu sprechen. Die Triebwelt wird durch das Güterniveau geprägt und strukturiert. Menschen binden sich an Waren, wie sie sich in früheren Epochen vielleicht an religiöse Inhalte oder an andere Menschen gebunden haben. Die sozialen Aktivitäten gehen von neuartigen, zusammengesetzten Strukturen Mensch-Ware aus. Und genau diese zusammengesetzten Strukturen sind es, die uns das Dranbleiben so erschweren, oft auch, indem sie uns vorgaukeln, sie würden es uns abnehmen.

Immer wenn Kritik an den massenhaften Gewaltdarstellungen im Fernsehen laut wird, heißt es auch, dass die Medien doch die Gewalt nicht schaffen – sie stellen sie nur dar. Wie falsch das ist, zeigt ein einfacher Vergleich: Der durchschnittliche Polizist in den USA zieht seine Waffe während seiner ganzen Dienstzeit dreimal, weil er überzeugt ist, eine gefährliche Situation nicht anders bewältigen zu können. Dreimal in dreißig Jahren! In jeder TV-Serie über amerikanische Polizisten wird in einer einzigen Folge dieses Kontingent mehrfach ausgeschöpft.[24]

Während in Mythen und theologischen Deutungen die These einer Erbsünde ausgearbeitet wurde, welche die Beziehung des Menschen zu transzendenten Gestalten betrifft, müssen wir in den Strukturen der Gier, diesen Schimären aus Ware und Mensch, ein weltliches Grundrisiko unserer Existenz erkennen, das sich am frühesten in den Phänomenen der Sucht ausgedrückt hat.

In der Konsumgesellschaft hat sich die Häufigkeit und Intensität solcher Bindungen multipliziert; ihre destruktiven Qualitäten bleiben oft lange Zeit unerkannt und werden selbst dann noch verleugnet, wenn sie für Außenstehende unübersehbar sind. Der einzelne Konsument ist an seine Ware gebunden und dankt ihr einen Teil seiner Identität. Die gesellschaftlichen Strukturen, in denen diese Ware produziert wird, sichern diese Identität, so dass eine kollektive Abwehr gegen die Einsicht in die Destruktivität des individuellen Handelns aufgebaut und aufrechterhalten werden kann.

Die durch eine Ware gestiftete Identität blockiert den Prozess des Dranbleibens. Der Konsument kann sich nicht orientieren, die Ware tut es für ihn. Seine eigenen Möglichkeiten, kreativ zu werden, gehen in der Pseudo-Kreativität des Shopping unter. Das schöne Neue, das in den Entwicklungsabteilungen der Konzerne entsteht, ersetzt ihm die eigene Entwicklung.

Besonders bedrohlich erscheint in diesen Prozessen die Gewöhnung. Sie funktioniert auf einer chemischen Ebene so, das eine zunächst ausreichende, den gewünschten Effekt (z. B. der Stimmungsaufhellung, der Betäubung) sichernde Gabe einer Droge nach einiger Zeit nicht mehr ausreicht, falls die einzelnen Dosen so schnell hintereinander gegeben wurden, dass sich der Organismus nicht wieder auf sein Normalniveau zurückregeln konnte.

Nahezu jedes neue Automodell lässt das alte, das seine Funktion geradeso gut erfüllte, unbefriedigend erscheinen. Immer höhere Komfortansprüche werden immer jüngeren Schichten der Bevölkerung selbstverständlich. Die Stereoanlagen müssen perfekter, die Fernreisen weiter, die Fernsehprogramme tabubrechender werden. Es darf in diesen Konsumfortschritten keine Pausen geben. Sie ersetzen schließlich den Glauben an eine menschenwürdige Zukunft.

Der Wandel solcher Strukturen dauert lange und muss mit Rückschlägen rechnen. Persönliche Entscheidungen, wie sie in den verschiedenen Forderungen zu kritischem Konsum, Konsumverzicht oder einem neuen Wohlstandsmodell stecken, werden nichts Grundsätzliches ändern, aber uns vorbereiten und vielleicht auch helfen, Zeit für Veränderungen zu gewinnen. In dieser Richtung sollte jede sinnvolle Konsumkritik argumentieren. Die Konsumabstinenz des Einzelnen kann die Struktur im Ganzen nicht verändern, solange sie nicht politische Macht auf ihrer Seite hat. Worum es gegenwärtig vor allem geht, ist die Einsicht, wie sehr Fortschrittshoffnungen der Konsumgesellschaft mit Rückentwicklungsphänomenen verstrickt sind.

Wir sind der Spannung zwischen den beiden Polen einer ökologischen Vision ausgesetzt. Werden am Ende der kurzen, glitzernden Welt des *Homo consumens* nur rauchende Trümmer und giftige Asche stehen, zwischen denen verelendete

Räuberbanden einander die letzten Vorräte von Wasser und Benzin abjagen? Oder friedliche Ökotopien, wo mit bescheidenem Energieaufwand und ohne aufregende Güterinnovationen eine selbstkritischere Menschheit zwischen Windrädern und Sonnenkollektoren auf eine Welt zurückblickt, die ihr dann so absurd erscheint wie uns heute Ritterturniere und Hexenverbrennungen?

Das Trauma der Verwöhnung

In den Ballungszentren der Konsumgesellschaften wird gegenwärtig etwa jede zweite Ehe geschieden. Die Situation vor, während und nach einer Trennung führt häufig zu einer erzieherischen Haltung, die sich als traumatische Verwöhnung beschreiben lässt. Beide Elternteile haben Schuldgefühle gegenüber den Kindern, möchten ihnen das unausweichliche Leid ersparen, versuchen, ihnen eine heile Welt vorzuspiegeln und sie durch Verwöhnung über die realen Konflikte hinwegzutrösten. Die Eltern konkurrieren um die Rolle des in der Konsumwelt beliebten verwöhnenden Teils und suchen dem bösen Ex-Partner die Verantwortung für ein Minimum an Disziplin zuzuschieben.

„Ich würde es dir ja erlauben, aber die Mutter ist dagegen ..." – „Ich würde es dir ja kaufen, aber der Vater zahlt nicht genug Unterhalt ..."

Unsere Fähigkeit zum Dranbleiben an unseren eigenen Erziehungsüberzeugungen wird durch Verwöhnung gelähmt. Sie entwickelt sich durch optimale Versagungen, d. h. durch Hindernisse, welche unsere Kräfte üben und dadurch stärken. Zu leichte Aufgaben langweilen, zu schwere überfordern; die optimale Aufgabe fordert optimal. So entstehen seelische Strukturen, die zwischen Außen- und Innenwelt vermitteln können. Das Kind lernt, dass zwar nicht alle Wünsche erfüllt werden, dass es aber realistisch ist, in der Versagung optimistisch zu bleiben und die Hoffnung nicht zu verlieren, dass eine Wunscherfüllung grundsätzlich möglich ist. So lernt es, sich in der Dynamik des Dranbleibens zu verhalten, um als Erwachsener dann mit Gelassenheit in der manchmal widrigen Wirklichkeit eigene Ziele zu verfolgen.

Das verwöhnte Kind identifiziert demgegenüber die Versagung eines Wunsches mit einem Versiegen der Quelle, aus der Befriedigung kommt. Es kann nicht zwischen sinnvollen und sinnlosen Frustrationen unterscheiden, nicht prüfen, ob eine kurze Hungerperiode nötig ist, um später die Befriedigung zu stabilisieren und zu sichern.

Werden Wünsche in einem bisher von Verwöhnung bestimmten Klima versagt, kann ein primitiver Racheimpuls, der sozusagen den eigenen Untergang in Kauf nimmt, manchmal nicht mehr unterdrückt werden. Die Gewalt resultiert aus einem Zusammenbruch der vernünftigen, die Strategie des kleineren Übel suchenden Ich-Strukturen, den Strukturen des Dranbleibens. Da die Fähigkeit nicht entwickelt ist, zwischen größeren und kleineren, vollständigen und vorübergehenden Frustrationen zu unterscheiden, wird die kleine Enttäuschung als Signal für eine drohende, totale Versagung gedeutet. Gegen diese ist Kampf mit allen Mitteln geboten.

Wenn ein achtzehnjähriger Alkoholiker seine Mutter erschlägt, weil sie ihm zehn Euro für seine nächste Zeche verweigert hat, dann setzt diese Tat mit hoher Wahrscheinlichkeit den Schlusspunkt unter eine unerträglich gewordene Geschichte aus Vernachlässigung und Verwöhnung. Ähnliches gilt für den gekränkten Ehemann, der seine scheidungswillige Partnerin niederschießt.

Sicher ist der Jugendliche intelligent genug, um bei entspanntem Nachdenken zu wissen, dass ihm sein Totschlag nicht mehr Geld einbringt, sondern weniger, weil er ihn des letzten Wesens beraubt, das ihm einigermaßen zuverlässig etwas gegeben hat. Aber er ist nicht fähig, nach dieser Einsicht zu handeln. Seine Frustrationstoleranz wurde nicht entwickelt, sein Über-Ich nicht differenziert. Er hat nicht die Fähigkeit, die kurzfristige Befriedigung – Rache für die Versagung des Erwarteten – gegen die späteren Nachteile für sein Leben abzuwägen. Der Mörder wollte gar nicht die ganze Mutter töten. Er hat sie gespalten. Vernichtet werden sollte nur ihre augenblicklich lästige, vorwurfsvolle, die Befriedigung versagende Seite. Sie steht für die totale Versagung, weil sie den Anspruch auf die totale Verwöhnung birgt.

Nicht nur die triebhafte Gier, sondern auch ebenso primitive Schuldgefühle und chronische Unzufriedenheit über die eigene Strukturlosigkeit setzen das steuernde Ich unter Druck und entreißen ihm die Kontrolle. Wie beim Kehraus auf dem Maskenball soll der Mutter, von der man sich gerade aufgrund dieser Strukturlosigkeit und Unfähigkeit zur Autonomie völlig abhängig fühlt, die hässliche, böse Larve vom Gesicht gerissen werden. Ist die böse erst zerstört, so die unbewusste Erwartung, wird die liebevolle, alles verzeihende und spendende Mutter wieder zum Vorschein kommen.

Ein wissenschaftlicher oder besser wissenschaftspolitischer Skandal ist die Verleugnung der längst bekannten Einsicht, dass übermäßiger Fernsehkonsum seelisch schädliche Folgen hat und die Gewaltbereitschaft vorbelasteter Kinder steigert. Immer wieder haben Forscher diesen Zusammenhang geleugnet, weil sie beispielsweise in kurzfristig angelegten Experimenten keine Unterschiede im Spielverhalten von Kindern mit oder ohne Fernsehexposition nachweisen konnten.

Solche Untersuchungen sind so beweiskräftig wie der Vergleich zwischen Menschen, die eine Packung Zigaretten geraucht oder darauf verzichtet haben, für den Nachweis der Unschädlichkeit oder Schädlichkeit von Tabakkonsum. Dennoch werden sie von der mächtigen Medienindustrie und ihren „Experten" immer wieder angeführt, um Reformen zu blockieren. Jüngst wurde eine Langzeitstudie aus New York vorgelegt, wo 707 Familien über 17 Jahre hin beobachtet wurden. Der Zusammenhang zwischen Gewaltbereitschaft der Erwachsenen und vor dem Fernseher verbrachter Zeit während Kindheit und Jugend war eindeutig.

In diesem Zusammenhang haben sich zum ersten Mal auch Wissenschaftler kritisch mit der Bagatellisierung längst bekannter Erkenntnisse über den Schaden durch das Fernsehen auseinander gesetzt und den fälligen Vergleich mit der Bagatellisierung der Schäden durch andere Genuss- oder Suchtmittel gezogen.[25]

Fernsehen ist anregend und unterhaltend, solange ein Mensch viele andere, persönliche Kommunikationsmöglichkeiten hat und sein Kontakt zur Realität stabil ist. Sobald aber Fernsehen zur wichtigsten Unterhaltungsquelle wird, schlägt die Anregung in eine Lähmung um. Die Vielseher gewöhnen sich an Ungewöhnliches, sie unterscheiden nicht mehr zwischen Television und Realität, sie finden Gewalt selbstverständlich, sie sehen mehr fern, weil sie sonst nichts haben, und haben sonst nichts, weil sie – von der Kontrolle über die Kanäle verwöhnt – an realen Menschen nicht mehr dranbleiben können.

Die Faszination der Opferrolle

Wir haben uns in den letzten Jahren daran gewöhnt, dass es bei Schätzungen der Anzahl von Demonstranten mehrere Aussagen gibt: eine der Polizei, eine der Veranstalter, vielleicht noch einige der Medien. Unmerklich ist ein regressives Element eingekehrt, das über exakte Daten bestimmt.

Es mutet merkwürdig an, dass angesichts unserer gegenwärtigen und früher nicht denkbaren Möglichkeiten zur exakten Prüfung der Realität das Wunschdenken solche Macht gewinnt. Unabhängig vom wissenschaftlichen Fortschritt, ihm scheinbar spottend, machen sich vergleichbare Regressionen an vielen Orten bemerkbar. Jede gesellschaftliche Gruppe, die auf sich aufmerksam machen will, neigt dazu, ihren Umfang und damit ihre Bedeutung zu übertreiben; dies ist Teil eines sozialen Klimas, das darauf hinausläuft, dass nur der gehört wird, der schreit.

Der durchschnittlich gebildete Mitteleuropäer hat von einer Unmenge verschiedenster Situationen gehört, gelesen, sie gesehen auf Fotografien, in Kino und Fernsehen. Seine tatsächliche Lebenserfahrung ist hingegen geschrumpft. Sie hat sich nicht entsprechend der grandiosen Ausweitung der Fiktionen erweitert, sondern wurde wesentlicher Elemente beraubt, weil viele Grenzsituationen – Begegnungen mit Aggression, mit Blut (etwa beim Schlachten der Tiere, von deren Fleisch wir leben), mit Gewalt, schwerer Krankheit, hilflosem Alter und Tod aus dem Alltag entfernt und in die Obhut von Spezialisten gegeben wurden.

Wenn wir das Dranbleiben auch in einem Konflikt üben wollen, müssen wir akzeptieren, dass selten einer nur Täter und ein anderer nur Opfer ist. Diese Betrachtungsweise stärkt die Verhandlungsfähigkeit und trägt zu Lösungen bei, die beiden Parteien gerecht werden. Aber sie ist ungleich mühevoller – ähnlich einer Gleichung mit vier Unbekannten, die auch mehr Überblick erfordert als die Rechnung mit nur einer. Einsicht in Ambivalenzen, in eine komplexe Verteilung von Recht und Unrecht, kostet viel Kraft und Zeit. Zur Entlastung werden dann Schwarz-Weiß-Malereien und ambivalenzbereinigte Vorurteile benötigt.

Den Massenmedien stehen, um diese Vereinfachungsbedürfnisse und daneben die Informations- und Unterhaltungswünsche zu befriedigen, vor allem zwei Mechanismen zur Verfügung: die Produktion einer zynischen Überlegenheit über ein verstricktes Paar von Täter und Opfer, die sozusagen „beide gleich schuld" sind, auf der einen Seite und die Glorifizierung der Opfer auf der anderen.

Es liegt für jeden Zeitungsleser und Nachrichtenschauer nahe, immer schrillere Parteinahmen und Urteile an die Stelle einer Lösung zu setzen. Während hier geredet werde, sagt eine besonders engagierte Teilnehmerin oder ein Teilnehmer in einer Talkshow, würden in Bosnien, Afghanistan oder Ruanda die Menschen umgebracht. Niemand scheint in solchen Szenen die Paradoxie aufzufallen, die darin liegt, seinem Gesprächspartner mit dem Argument ins Wort zu fallen, er rede nur.

Wer ein Gericht anruft, folgt einer umgekehrten Illusion wie der Kriminelle. Dieser geht davon aus, er werde nicht ertappt; das nach seinem Recht schreiende Opfer hingegen ist überzeugt, der Richter werde seine schwache Position stärken. Die psychologische Gefahr dieser Situation liegt darin, dass in dieser Lage leicht der magische Gedanke handlungsbestimmend wird, wer mehr leide, habe auch mehr Anspruch und Aussicht auf Gerechtigkeit. Die Steigerung des Leides, die furiose Ablehnung jedes Kompromisses mit dem Täter formuliert propagandistische Illusionen. Je mehr Selbstbeschädigung, desto größere Hoffnung auf Hilfe.

In den letzten Jahren ist die Zahl der Opfer in vielen gesellschaftlichen Bereichen explosionsartig angestiegen. Wer Beachtung für ihr Leid fordert, drückt sein Engagement unter anderem in einer steten Steigerung der Statistik und in energischer Wendung zu den schlimmsten Fällen aus, die mit den größten Zahlen verknüpft werden. Doch den Menschen, die sich in einer Opferrolle eingerichtet haben, fällt es sehr schwer, an der Realität dranzubleiben und eigene Handlungsmöglichkeiten zu planen. Das Verbleiben in der Opferrolle verführt dazu, sich in Erlittenes zu vertiefen und Verwöhnungshoffnungen nach außen zu richten, die mit hoher Wahrscheinlichkeit neue Leidenserfahrungen erzeugen. Auch hier ist die Haltung des Dranbleibens gefragt: jenseits des Erlittenen nach dem zu suchen, was im eigenen Leben sinnvoll sein kann, die Wirklichkeit nicht schematisch in Schwarz-Weiß zu sehen, sondern die vielen Möglichkeiten, die dazwischenliegen, wahrzunehmen. So entsteht die Fähigkeit, im Loslassen der Opferrolle Fixierungen aufzugeben und zu mehr Gelassenheit zu kommen.

11. Schluss
Durch Verändern bewahren

„Wenn wir wollen, dass alles bleibt, wie es ist, muss sich alles ändern."[26]

Die Kritik an der Ablenkungsgesellschaft und am „verzappten" Leben mag konservativ wirken. Dennoch halte ich das Dranbleiben für kein konservatives oder gar reaktionäres Konzept. Denn dazu ist es zu stark an der Dynamik unserer Gefühle und Wünsche orientiert. Mir gefällt der Gedanke einer konservativen Dynamik oder eines dynamischen Bewahrens am besten. Das Dranbleiben hält einen mittleren Kurs zwischen vermüllt und steril. Es widersetzt sich der Haltung des Messie, der sich in seiner Wohnung nicht mehr zurechtfindet, weil er nichts wegwerfen und keine Ordnung finden kann, ebenso wie einer Haltung des Ex&Hopp, in der alles entsorgt wird, was nicht der neuesten Mode entspricht.

Was ist mir besonders wichtig?

Die Vorstellung, dass weder die Größenphantasie noch Zweifel und Kritik entbehrt werden können, wenn wir dranbleiben wollen.

Der Gedanke, dass Kinder, die in ihrem Bemühen um Austausch mit ihren Eltern respektiert werden, die beste Chance haben, auch mit ihrer Umwelt in jenen Austausch zu treten, der ihnen das Dranbleiben erleichtert.

Der Trost, dass die zweite und dritte Chance gut genug sind und wir uns nicht mit Chancenentzug bestrafen dürfen, wenn wir die erste nicht wahrgenommen haben.

Der Respekt vor komplexen und störbaren menschlichen Leistungen, wie der Kreativität, der Intelligenz, der Erotik, die wir anerkennen sollten, wo immer wir sie finden.

Wir brauchen Zuckerbrot und Peitsche dort nicht, wir müssen das Herrscher-Sklave-Spiel nicht inszenieren, wo wir Entwicklung ermöglichen und Entfaltung zulassen.

Reife und Professionalität beruhen darauf, elegante Lösungen zu suchen, in denen mit möglichst geringem Aufwand möglichst viel erreicht wird.

Spaß und Lust sind die Atemluft unseres Dranbleibens. Nur in Notfällen, kurz vor dem Ersticken, dürfen wir uns unter Druck setzen und damit sozusagen reinen Sauerstoff zuführen.

Treue wird nicht durch Zwang und Verzicht begründet, sondern durch Neugier auf den geliebten Menschen.

Wo Missionare scheitern, können Forscher bleiben.

Anmerkungen

[1] Diese Schätzung stammt von dem Jugendforscher Klaus Hurrelmann, zitiert nach Psychologie Heute, April 1994, S. 24.

[2] Wolfram und Ulrich Eicke, Medienkinder. Vom richtigen Umgang mit der Vielfalt. München 1994.

[3] Die Kritik an den regressionsfördernden Qualitäten des Fernsehens ist zwar bisher praktisch folgenlos, aber theoretisch so gut ausgearbeitet, dass weitere Argumente hier entbehrlich sind. Vgl. Neil Postman, Wir amüsieren uns zu Tode, Frankfurt am Main 1985; Bill McKibben, The Age of the Missing Information, New York 1992 und Umberto Eco, Apokalyptiker und Integrierte. Zur kritischen Kritik der Massenkultur, Frankfurt am Main 1986.

[4] Thomas Mann, Schwere Stunde (1914), in: Die Erzählungen, Frankfurt am Main 1986, S. 414.

[5] Richten sich deshalb die Versprechungen der Religion an Traumatisierte? Das wäre eine eigene Untersuchung wert, die sich freilich mit dem schwierigen Problem einer Eingrenzung des Traumabegriffs zu beschäftigen hätte.

[6] Die inzwischen sehr verbreiteten Dominanz-Spiele in der Sexualität setzen solche Muster in Szene: Sonst nicht gelingende Lust kann sich entfalten, wenn ganz klar ist, wem in

der erotischen Interaktion alle Macht und Tugend bzw. alle Ohnmacht und Minderwertigkeit zuzuordnen sind. Domina und Sklave reinszenieren eine Philosophie, die in der Antike Pythagoras zugeschrieben wurde: „Es gibt ein gutes Prinzip, das die Ordnung, das Licht und den Mann, und ein schlechtes Prinzip, das das Chaos, die Finsternis und die Frau geschaffen hat."

[7] Marina Gambaroff, Utopie der Treue, Reinbek 1984, S. 44.

[8] Marina Gambaroff, Ebenda, S. 47.

[9] Thomas Mann, Schwere Stunde (1914), in: Die Erzählungen, Frankfurt am Main 1986, S. 420.

[10] Thomas Mann, Ebenda, S. 417.

[11] Friedrich Nietzsche, Der Wille zur Macht. Versuch einer Umwertung aller Werte. Leipzig 1930, S. 61.

[12] Freud hat diese Anekdote verwendet, um die Tatsache zu illustrieren, dass die Kulturforderungen nach Triebverzicht nicht beliebig gesteigert werden können.

[13] Adalbert Stifter, Nachkommenschaften, in: Gesammelte Werke, Bd. 2, München 1976, S. 264.

[14] Heinrich von Kleist, Über das Marionettentheater, zit. n. K. M. Schiller (Hg.) Werke und Briefe, Bd. 3, Leipzig 1926, S. 340.

[15] Vgl. die ausführliche Beschreibung in: W. Schmidbauer, Freuds Dilemma. Die Wissenschaft von der Seele und die Kunst der Psychotherapie, Reinbek 1999. Dort untersuche ich dieses auch von Freud gebrauchte Bild der Künste durch Wegnehmen (*per via di levare*) und Hinzufügen (*per via di porre*). Eine schöne Darstellung des Hintergrunds dieser Auseinandersetzung: E. Mai/K. Wettengl, Wettstreit der Künste – Malerei und Skulptur von Dürer bis Daumier (Ausstellungskatalog München/Köln 2002) München 2002.

[16] F. Nietzsche, Ecce Homo, zitiert nach Taschenausgabe, Leipzig 1930, S. 375.

[17] „Ich fiel wieder mit einer augenblicklichen Gewandtheit auf ihn aus, eines Menschen Brust würde ich ohnfehlbar getroffen haben: der Bär machte eine ganz kurze Bewegung mit der Tatze und parierte den Stoß. Der Ernst des Bären kam hinzu, mir die Fassung zu rauben, Stöße und Finten wechselten sich, mir triefte der Schweiß: Umsonst! Nicht bloß, dass der Bär wie der erste Fechter der Welt alle meine Stöße parierte; auf Finten (was ihm kein Fechter der Welt nachmacht) ging er gar nicht einmal ein: Aug in Auge, als ob er meine Seele darin lesen könnte, stand er, die Tatze schlagfertig erhoben, und wenn meine Stöße nicht ernsthaft gemeint waren, so rührte er sich nicht." H. v. Kleist, Über das Marionettentheater, Werkausgabe von K. M. Schiller, Bd. 3, Leipzig 1926, S. 341.

[18] Nicht ohne Grund ist eines der meistzitierten Fotos der Gegenwart der alte Albert Einstein, der sich mit sichtlicher Freude einer kindlichen Geste hingibt: Er streckt die Zunge heraus.

[19] Wolfgang Schmidbauer (Hg.), Pflegenotstand – Das Ende der Menschlichkeit. Vom Versagen staatlicher Fürsorge. Reinbek 1992.

[20] Das folgende Kapitel stützt sich auf: Wolfgang Schmidbauer, „Jetzt haben, später zahlen – Die seelischen Folgen der Konsumgesellschaft", Reinbek 1995.

[21] Hans Peter Dreitzel/Horst Stenger (Hg.), Ungewollte Selbstzerstörung, Frankfurt am Main 1990, S. 22 f.

[22] Bruce Hoffmann, Terrorismus. Der unerklärte Krieg. Frankfurt am Main 2001, S 142 f.

[23] Karl May lässt einen solchen Gauner bereits um 1870 sagen:

„Man spricht nicht mehr von Räubern, sondern von Patrioten. Das Handwerk hat den politischen Turban aufgesetzt. Wer nach dem Besitz anderer trachtet, der gibt an, sein Volk frei und unabhängig machen zu wollen." Karl May, Der Schut, Bamberg 1962, S. 129.

[24] Alex Schmid, Janny Graaf, Violence as Communication, London 1982, S. 120.

[25] Vgl. „Jahrzehntelang verdrängt?" Prof. Klaus Hurrelmann im Gespräch mit Christina Berndt, Süddeutsche Zeitung v. 2.4.2002, S. V2/8.

[26] G. T. di Lampedusa, Il Gattopardo, Mailand 1959, S. 42. Das Zitat stammt von dem Neffen des Fürsten, der sich an der Bewegung Garibaldis beteiligt, um zu verhindern, dass diese „zu weit" geht.

Bücher die Leben helfen

Mathias Binswanger
Die Tretmühlen des Glücks
Wir haben immer mehr und werden nicht glücklicher. Was können wir tun?
Band 5809
Aus der Sicht eines Ökonomen: ein Buch über die wirklichen Voraussetzungen des Glücks.

Susanne Breuninger-Ballreich
Was Sie stark macht – verborgene Kräfte aktivieren
Band 5972
Sie erschließen die inneren Ratgeber, die jeder Mensch besitzt und machen den Weg frei für ein Leben aus der eigenen Stärke.

Nur wer Fehler macht, kommt weiter
Wege zu einer neuen Lernkultur
Hg. von Ralf Caspary
Band 5892
Warum Fehler wichtig sind und was daraus zu lernen ist zeigen Manfred Spitzer, Gisela Lück, Reinhard Kahl, Alfred Beutelspacher u.a.

Viktor E. Frankl
Psychotherapie für den Alltag
Rundfunkvorträge über Seelenheilkunde
Band 5905
Liebe, Melancholie, Überlastung und Stress, Altern und Reifen, das Verhältnis von Leib und Seele – es sind Lebensthemen wie diese, die das Zentrum dieses Buches ausmachen.

Erich Fromm
Authentisch leben
Hg. von Rainer Funk
Band 5691
Wissen, was die eigene Person ausmacht. Bewusst aus eigenen Quellen leben. „Freude – das Ergebnis intensiven Lebens" (E. Fromm).

HERDER spektrum

Rainer Funk
Erich Fromms kleine Lebensschule
Band 5927
Es ist wichtig, die eigenen Kräfte zu entdecken. Rainer Funk zeigt, wie
Fromm sich die praktische Umsetzung gedacht und wie er sie gelebt hat.

Dietrich Grönemeyer
Mensch bleiben
High-Tech und Herz – eine liebevolle Medizin ist keine Utopie. Mit
persönlichem Ratgeberteil
Band 5712
Das leidenschaftliche Plädoyer für eine Medizin, die den Menschen sieht
und nicht nur die Kosten.

Verena Kast
Konflikte anders sehen
Die eigenen Lebensthemen entdecken
Band 5975
Konflikten auf die Spur kommen, so entschärft sich plötzlich vieles und
man entdeckt neue, oft genug bereichernde Seiten des Lebens.

Luise Reddemann
Eine Reise von 1000 Meilen beginnt mit dem ersten Schritt
Seelische Kräfte entwickeln und fördern
Band 5919
Dieses Buch ist nichts weniger als eine kleine Schule der Lebenskunst, die
uns zeigt, wie wir uns aus Blockaden befreien und Leichtigkeit und
Gelassenheit zurückgewinnen können.

Irmtraud Tarr
Loslassen – die Kunst, die vieles leichter macht
Band 5921
Dieses Buch versammelt Anregungen, Hinweise und manch überraschende
Einsicht in die hohe Kunst, sich das Leben zu erleichtern.

HERDER spektrum